존 비비어의 열정

A Heart Ablaze

by John Bevere

Copyright ⓒ 1999 by John Bevere

Published by Thomas Nelson Inc,
501 Nelson Place, P.O. Box 1410000, Nashville, TN 37214-1000
All rights reserved.

Korean translation copyright ⓒ 2003 by Duranno Press
95 Seobinggo-Dong, Yongsan-Ku, Seoul, Korea

본 저작물의 한국어판 저작권은 Thomas Nelson과의 독점 계약으로
'두란노'가 소유합니다. 저작권법에 의하여 한국 내에서
보호를 받는 저작물이므로 무단 전재와 무단 복제를 금합니다.

존 비비어의 열정

지은이 | 존 비비어
옮긴이 | 윤종석
초판 발행 | 2003. 10. 6.
개정 22쇄 발행 | 2025. 11. 28
등록번호 | 제 3-203호
등록된 곳 | 서울시 용산구 서빙고동 95번지
발행처 | 사단법인 두란노서원
영업부 | 2078-3333 FAX | 080-749-3705
출판부 | 2078-3444

▌책값은 뒤표지에 있습니다.
ISBN 978-89-531-1173-8 03230

▌독자의 의견을 기다립니다.
tpress@duranno.com http://www.duranno.com

두란노서원은 바울 사도가 3차 전도 여행 때 에베소에서 성령 받은 제자들을 따로 세워 하나
님의 말씀으로 양육하던 장소입니다. 사도행전19장 8-20절의 정신에 따라 첫째 목회자를 돕
는 사역과 평신도를 훈련시키는 사역, 둘째 세계선교(TIM)와 문서선교(단행본 · 잡지)사역, 셋
째 예수문화 및 경배와 찬양 사역, 그리고 가정 · 상담 사역 등을 감당하고 있습니다. 1980년
12월22일에 창립된 두란노서원은 주님 오실 때까지 이 사역들을 계속할 것입니다.

존 비비어의 열정

존 비비어 지음 | 윤종석 옮김

두란노

차례

감사의 말 | 6
머리말 | 8
Prologue 거룩함으로 불탄 교회 | 13

Part 1 | 하나님의 불을 예비하라

1 내 안에 거하시게 하라 | 31
2 영과 육의 옷을 빨라 | 45
3 그분의 강림을 준비하라 | 55
4 경외함으로 가까이 가라 | 73
5 산꼭대기로 올라가라 | 85
6 세상 욕심을 버리라 | 103

A HEART ABLAZE

Part 2 | 하나님의 불을 경험하라

7 세상 문화를 넘어서라 | 123
8 은혜의 참뜻을 알라 | 141
9 온전한 열정으로 좇으라 | 163
10 기꺼이 성화되라 | 177
11 징계를 달게 받으라 | 201
12 거룩한 불을 구하라 | 215

Epilogue 불타는 심령으로 행할 때 | 233

감·사·의·말

내 가장 귀한 친구, 가장 신실한 내조자 그리고 아이들의 훌륭한 어머니가 되어 준 아내 리사에게 감사한다. 아내는 진정 하나님이 내게 주신 선물이다. 나는 아내를 아끼고 소중히 여기며 사랑한다. 또 내 삶에 큰 기쁨이자 값진 보배인 네 아들 애디슨, 오스틴, 알렉산더, 아든, 하나님의 부르심에 함께 응답해 주고 내 강연 여행과 집필을 격려해 주어 고맙다. 내게 경건한 삶의 모습을 보여 주신 부모님 존과 케이 비비어에게 감사드린다. 두 분은 온 정성과 진심을 다해 나를 사랑해 주셨다.

미국과 유럽의 '존 비비어 사역 재단' 사무소 고문인 앨 브라이스 목사, 로런 존슨, 랍 버크베크, 토니 스톤, 스티브 왓슨에게 감사한다. 자신을 희생하며 베풀어 준 그들의 사랑과 친절과 지혜는 우리 마음을 움직였고 새 힘을 주었다. 그리고 항상 변함없이 지원해 주는 '존 비비어 사역 재단'의 성실한 사역자들에게 감사한다. 우리 부부는 그들 한 사람 한 사람을 사랑한다. 유럽 사무소 운영을 관리하는 데이비드와 팸 그레이엄의 성실하고 충실한 지원에 감사한다.

　우리 교회 새 담임목사 테드 해가드에게도 감사한다. 우리 가정과 사역에 대한 그의 열의와 애정은 우리에게 큰 힘이 된다. 앞날이 기대된다. 하나님이 우리 마음에 주신 메시지를 믿고 따라 준 로리와 웬디 알렉에게 감사한다. 우리에게 귀한 우정이다. 하나님이 우리 심령에 불을 지펴 주신 이 메시지를 믿고 격려해 준 빅터 올리버, 롤프 제터스텐, 마이클 하얏트에게 감사한다.

　이 책을 훌륭하게 편집해 주고 무엇보다 나를 지원해 준 브라이언 햄턴에게 감사한다. 이 책의 메시지를 지지해 주고 전문적으로 친절하게 도와준 토마스 넬슨 출판사 모든 직원들에게 감사한다. 그들은 놀라운 동역 팀이다.

　무엇보다 가장 진실한 감사를 나의 주님께 드린다. 주님이 나와 그분의 사람들에게 해 주신 모든 일을 어찌 말로 다 감사할 수 있으랴. 내가 표현할 수 있는 이상으로 그분을 사랑한다.

머·리·말

열정 없는 삶에 불을 내리소서

이 책은 진리를 향한 여정이다. 많은 이들이 진리를 갈망하지만 일단 진리에 부딪히면 그것을 거부하거나 묵살하거나 자기한테 유리한 쪽으로 왜곡한다. 그런 현상은 우리 세대에 심각한 문제를 가져왔고 이 사회를 기만에 빠뜨렸다. 예수님은 바로 이 점에 대해 이 세대의 자녀들에게 거듭 경고하셨다.

기만이 중대 문제인 까닭은, 기만의 손아귀에 잡혀 있는 자들이 자기가 진리 가운데 행하고 있다고 믿기 때문이다. 바울은 디모데에게 말세를 이렇게 묘사했다. "때가 이르리니 사람이 바른 교훈을 받지 아니하며 귀가 가려워서 자기의 사욕을 좇을 스승을 많이 두고 또 그 귀를 진리에서 돌이켜 허탄한 이야기를 좇으리라"(딤후 4:3-4). 4절의 '허탄한 이야기'라는 헬라어 표현은 '거짓'으로도 정의될 수 있다. 거짓이 오랫동안 진리 행세를 하면, 많은 이들이 목숨 걸고 그것을 따르게 된다.

오히려 성경을 통해 계시된 진리를 이단으로 여기고 거부하게 될 것이다. 바울은 그들이 바른 교훈을 받지 않는다고 경고했다. 어떤 설교자는 이렇게 말했다. "교회들이 가르치는 불건전한 교훈은 전화번호부에 나오는 메시지가 아니라 성경에 나오는 메시지입니다." 성경에서 취한 교리이기에 불건전함에도 불구하고 널리 받아들여지고 있다는 경고다.

잠언 기자는 이 상황을 내다보고 이렇게 썼다. "스스로 깨끗한 자로 여기면서 오히려 그 더러운 것을 씻지 아니하는 무리가 있느니라"(잠 30:12). 이 책을 통해 우리는 그 무리가 바로 우리임을 알게 된다.

진리가 우리 오감에 즐거워 쉽게 받아들일 수 있는 것이라면, 온 세계가 그 문을 두드리고 들어갈 것이다. 그러나 예수님은 그렇지 않다고 분명히 말씀하셨다. "악을 행하는 자마다 빛을 미워하여 빛으로 오지 아니하나니 이는 그 행위가 드러날까 함이요 진리를 좇는 자는 빛으로 오나니 이는 그 행위가 하나님 안에서 행한 것임을 나타내려 함이라"(요 3:20-21). 하나님을 경외하는 자들만이 진리를 사랑한다.

오늘 이 시대는 우리에게 어려운 질문을 던진다. 열정 없는 교인들이 왜 그토록 많은가? 우리는 매체와 건물과 홍보와 기타 수많은 분야에 어마어마한 돈을 투자해 왔다. 그런데도 여전히 교회에 다니는 수많은 사람들이 세상 쾌락에 대한 욕심과 정욕으로 씨름하고 있는 까닭은 무엇인가? 회심자들의 80퍼센트 이상이 어둠의 세상으로 다시 돌아가는 것은 무엇 때문인가? 어떻게 중생의 체험을 간증한 이들이 여전히 변화되지 않을 수 있는가? 나는 이 모든 질문의 답이 있다고 믿는다. 바로 하나님의 불과 열정이 없기 때문이다.

믿음의 선진들을 보면 분명한 차이가 있다. 모세로 하여금 안정적인 삶을 떠나 하나님을 좇게 한 것은 무엇인가? 예레미야와 이사야와 기타 선지자들은 자신에게 핍박과 고생을 가져다 줄 말씀을 왜 계속 선포했을까? 초대교회 교인들이 복음을 위해 재산과 안락과 목숨을 버릴 수 있었던 것은 무엇 때문인가? 오늘 허다한 교인들의 최대 고민은 망가진 자아상을 극복하는 것에 그치는데, 초대교회는 무슨 힘으로 고문과 죽음의 위협 앞에서도 담대히 전도할 수 있었을까? 역시 답은 하나님의 불이다.

우리는 하나님의 불이 필요하다. 진리에 주린 자는 누구나 그것을 얻을 수 있다. 자기 죄를 다 드러내야 가능한 일이지만, 대다수 사람들은 이미 위선에 질렸고 변화될 준비가 돼 있다. 진리와의 고통스런 만남보다 현 상태로 남는 것에 대한 두려움이 더 크다. 이런 입장을 취하는 이들은 영광스런 주님의 음성을 간절히 듣고자 한다. 그들은 주님이 내 삶을 통해 진정 영광 받으시는 모습을 볼 준비가 돼 있다.

당신이 어느 지점에서 하나님과 동행하고 있든 그분의 거룩한 불이 들어설 자리는 언제나 더 있다. 불이 다 꺼졌을까 봐 두렵다면 용기와 희망을 가지라. 그분은 이미 약속하셨다.

> 상한 갈대를 꺾지 아니하며 꺼져 가는 심지를 끄지 아니하기를 심판하여 이길 때까지 하리니(마 12:20).

우리 아버지의 사랑은 얼마나 은혜로우신가! 우리의 실상에 대한 그분의 참된 관심이 이 책을 통해 점차 드러나기를 기도한다. 그분의 관심은 우리의 안락보다 우리의 실상에 있다. 그분은 우리가 꼭 들어야 할 말을 들려주실 만큼 우리를 사랑하신다.

한 메시지에 이렇게 가슴 벅찼던 적은 없다. 이 진리가 나를 깊이 만졌기 때문이다. 집필 작업을 하면 할수록 나는 그분이 참 저자이심을 더욱 절감했다. 나는 주님의 메시지를 전달하는 도구에 지나지 않는다. 이 책을 통해 주님이 무슨 일을 하시든 모든 영광을 조심스레 그분께 돌린다. 이 책이 당신의 삶에 거룩한 불을 붙여 주어 당신이 이전과 달라지기를 기도한다. 길을 떠나기 전 함께 기도하자.

"아버지, 이 책을 읽는 동안 성령으로 제게 말씀하소서. 저는 진리가 두렵지 않습니다. 진리를 원합니다. 진리를 받아들입니다. 제 심령 속에 주님의 거룩한 불이 타오르게 하소서. 그 열기가 저를 삼켜, 저도 주님이 사랑하시는 것을 사랑하고 주님이 미워하시는 것을 미워하게 하소서. 읽는 동안 제 눈을 열어 이전보다 선명히 예수님을 보게 하소서. 주님이 하나님의 계시된 말씀이요 진리이심을 인정합니다. 이 책에 담긴 주님의 메시지로 제 삶을 변화시켜 주실 것을 인해 미리 감사드립니다. 예수님의 이름으로 기도합니다. 아멘."

Prologue

거룩함으로 불탄 교회

그 순간, 잊지 못할 광경이 벌어졌다!
아이들이 주체할 수 없이 울며 연단 앞으로 걸어와서는 푹 고꾸라졌다.
몇 분도 안되어 100명 가까운 아이들이 엉엉 울며 심히 떨었다.
아이들은 주님의 명백한 임재 안에 사로잡혀 있었다.

노스캐롤라이나 파예트빌의 커버넌트 러브 패밀리 교회(Covenant Love Family Church)의 연속집회 중 네 번째이자 마지막 집회였다. 내가 그들을 만나는 것은 처음이 아니었다. 나는 전에도 몇 차례 이 교회에서 말씀을 전한 적이 있었다. 하나님을 향한 그들의 진정한 갈망과 사랑 때문에 집회는 매번 놀라운 열매를 맺었다.

정규 예배가 끝나고도 한참 지났을 늦은 시간이었다. 그러나 나는 망설이며 끝내지 못하고 있었다. 나는 고민에 빠졌다. 메시지는 명확하고 간결했다. 사람들의 반응도 뜨거웠다. 그러나 어딘지 미완의 느낌이 들었다. 대개 나는 완성된 느낌으로 연속집회를 마치곤 했었다. 이렇게 잘 받아들이는 교회라면 더 말할 것도 없었다. 그러나 그날 밤은 달랐다.

이 고민 말고도 파예트빌로 날아올 때 성령이 내 마음에 속삭이시던 말씀이 계속 들려왔다. "이번 집회는 네가 이 교회에서 경험한 집회 중 가장 강력한 집회가 될 것이다."

나는 그때까지 이 교회에서 7-8번 집회를 가졌었는데, 대부분 열매가 가장 많았던 집회로 꼽기에 주저하지 않을 만한 시간들이었다. 비행기에서 들었던 생각이 떠올랐다. '엄청난 말씀이었어!' 연단에 서 있는 나는 당혹스러웠다. 집회는 가장 강력하지 못했기 때문이다. 이전 집회들의 놀라운 장면, 간증들과 자꾸만 비교가 됐다. 속으로 불평하고 싶은 유혹과 싸우면서도 당면한 집회에 계속 집중해야 함을 알았다. 나는 애타게 하나님의 음성을 듣고 싶었다.

하나님의 임재가 사람들 위에 머물고 있는 듯 보였다. 그분이 힘 있고 강하게 회중 속에 임하시고 싶은데 왠지 저지당하고 계신 것만 같았다. 여기저기 드문드문 울고 있는 사람들이 있었지만 나는 하나님이 그 이상의 것, 훨씬 큰 것을 원하고 계심을 알았다. 전날 밤들에도 비슷한 분위기를 느꼈었지만 나는 주님이 이전에 그러셨듯이 이번에도 마지막 밤에 새로운 임재로 우리를 채워 주실 줄 확신하고 있었다.

그런데 이제 집회는 더 없었다! '그분의 원하심이 내게 느껴지는데 왜 그분은 사람들을 만지시지 않는 것인가?' 계속 그런 의문이 들었다.

전 교인의 금식 선포

그때 성령의 작고 세미한 음성이 내게 들려왔다. 그분은 이 예배에 방해물이 있듯이 뭔가가 이 도시의 교회들을 방해하고 있음을 내게 보이셨다. 그것 때문에 교회들은 어느 선 이상 성장하지 못했다. 일단 그 선에 이르면 교회들은 갈라지거나 구태의연한 종교 기관으로 변했다.

내가 회중에게 그 얘기를 하자마자 담임 목사가 뛰어올라와 그렇다고 확증했다. 그는 그 도시의 과거와 현재에 대해 연구해 본 결과 통계적으로 정확한 사실이라고 인정했다. 그가 말하는 사이 내게 다시 성령의 음성이 들려왔다. 그분은 이 방해를 끊을 수 있는 길을 알려 주셨다.

목사는 말을 마친 후 마이크를 다시 내게 주었다. 나는 말했다. "여러분, 하나님이 제게 40일 금식으로 이 방해를 끊을 수 있다고 말씀하십니다." 사람들의 생각이 들리는 듯했다. '40일간 먹지 말라는 말인가!' 나는 말을 이었다. "반드시 먹지 않는 금식은 아닙니다. 완전한 단식과는 거리가 멀 것입니다. 주님을 구하지 못하도록 여러분을 막는 것에 대한 금식입니다. 텔레비전, 비디오, 컴퓨터 게임, 신문, 과도한 쇼핑, 전화 통화 등 무엇이든 될 수 있습니다."

이것이 참된 금식이다. 우리는 하나님의 음성을 듣기 위해 금식을 하면서도 분주하고 산만한 삶을 지속할 때가 너무 많다. 그것은 금식이 아니다. 따라서 얻는 유익도 별로 없다. 참된 금식은 좀 더 집중하여 하나님을 구하면서 절제하는 삶을 살 때 이루어진다.

이스라엘 백성은 금식하며 주님께 물었다. "왜 감동하시지 않습니까? 왜 우리 수고를 알아주시지 않습니까?" 하나님은 이사야 선지자를 통해 그들에게 답하셨다. "보라 너희가 금식하는 날에 오락을 찾아 얻으며 온갖 일을 시키는도다… 너희의 오늘 금식하는 것은 너희 목소리로 상달케 하려 하는 것이 아니라"(사 58:3-4).

나는 마이크를 다시 목사에게 넘겼다. 그는 즉시 금식을 다짐했고 전 교인들에게도 똑같이 촉구했다. 그들은 한마음으로 하나님을 구하기로 했다. 이튿날 나는 40일 후의 주일에 내 스케줄이 비어 있음을 확인하고 목사에게 말했다. 그는 이렇게 대답했다. "그때 여기 오시면 정말 좋겠네요."

이후 몇 주 동안 우리는 계속 연락을 주고받았다. 금식하는 가족들에게서 벌써 감격스런 간증들이 나오고 있었다. 평소 성적으로 고생하던 학생들은 C, D 학점이 A, B 학점으로 올라갔다. 어린이들과 십대들이 눈에 띄게 순종적이고 예의 바른 태도를 보인다는 얘기도 들렸다. 세상 일과 성취들이 힘과 매력을 잃는 듯했다. 아내들은 남편이 달라졌다며 흥분을 감추지 못했다. 아버지들은 성경공부를 인도하고 가족들과 함께 기도했다. 깨진 관계들이 회복되었고 몸의 치유를 경험하는 이들도 있었다. 사람들이 하나님을 가까이하자 가정들이 살아났다.

나는 그들의 예배가 갈수록 더 강력해지고 있고 몇몇 새 사람들이 하나님 나라에 들어왔다는 소식도 들었다. 교회가 한마음으로 주의 말씀을 듣고 순종한 결과, 삶의 모든 영역에 엄청난 일이 일어나고 있었다.

평생 잊지 못할 저녁

주일이 여섯 번 지난 1996년 11월 3일, 나는 다시 그 교회에 가 말씀을 전했다. 그날은 내가 영영 잊지 못할 날이다. 아침 예배 때 본당에 들어서면서부터 그곳에 이미 기대감이 충천해 있음을 느꼈다. 나는 하나님이 말씀하시는 메시지를 전했고 교인들은 빨아들이는 듯한 마음과 영혼으로 화답했다.

아침 예배를 마치면서 목사는 교인들에게 그날 저녁 예배 때 미리 와서 기도로 준비할 것을 권했다. 그는 또 주일학교 학생들도 그날 저녁 예배에 함께 참석할 것임을 부모들에게 알렸다. 그는 6세 이하를 제외하고는 모든 연령층이 함께 예배드리기 원했다. 그의 그런 모습은 나로서도 처음이었다. 그는 부모들에게 이렇게 당부했다. "여러분이나 여러분의 자녀들이 이 예배를 놓친다면 남은 평생 후회할 것입니다." 그 말에 나는 놀라고 걱정도 됐지만 함구하기로 했다. 그러기를 다행이다.

그날 밤 본당은 1,300명 가까운 사람들로 꽉 찼다. 나는 주님을 경외하는 것에 대한 말씀을 전했고 설교는 저녁 9시쯤 끝났다. 성도들이 어찌나 진지했던지 내 말이 끊어질 때면 강당에 핀 하나 떨어지는 소리까지 들릴 정도였다. 주일학교 아이들이 전원 참석했는데도 말이다. 이후 예배 인도자와 나는 예배 찬양 몇 곡을 부르며 회중을 인도했다. 그때 내게 성령의 속삭임이 들려왔다. "내가 사람들을 섬기고 싶다. 기회를 다오."

우리는 예배 찬송을 부르고 있었는데, 그분이 원하시는 방향은 그것이 아님을 나는 깨달았다. 나는 사람들에게 주지시켰다. "주님께서 방금 제 마음에 말씀하셨습니다. 그분께서 우리를 섬기고자 하십니다. 그러니 조용히 그분께 집중합시다." 이후 10여 분간 많은 사람들이 주님의 임재를 느끼며 조용히 흐느끼는 소리가 들렸다. 어느 모로 보나 6주 전의 집회와 똑같은 것 같았지만, 나는 뭔가 다른 일이 곧 벌어질 것을 알았다.

9시 15분쯤 조용하던 분위기가 갑자기 바뀌었다. 예배실 뒤쪽에서 높은 울음소리가 들리기 시작한 것이다. 이이들 소리임을 대번 알 수 있었다. 본당 오른편 뒤쪽에 7–12세의 아이들 150여 명이 교사들과 함께 앉아 있었는데, 나는 하나님이 그들을 만지고 계심을 알았다. 나는 그들을 앞으로 불렀다. "하나님이 아이들, 아이들을 만지고 계십니다. 하나님이 만지고 계신 아이들은 모두 연단 앞쪽으로 나오기 바랍니다."

그 순간, 잊지 못할 광경이 벌어졌다! 내 말을 약간 과장이라 여길 사람들도 있을 것이다. 나도 그 자리에 참석한 1,200명의 다른 증인들과 함께 직접 보지 않았다면 그렇게 생각할 것이다. 솔직히 그날 밤 하나님이 하신 일을 내 표현으로는 절대 다 재연할 수 없지만 그래도 해보려 한다. 우선 그 교회가 다분히 보수적 교회임을 말하고 싶다. 대다수 교인들은 감정 표현이 없는 교단 출신이거나 교회 배경 전혀 없이 그 교회에 와서 구원받은 자들이다. 담임목사는 극단론이나 감정 본위의 과장된 표현에 경도하지 않은 아주 훌륭한 리더다.

나는 대부분 7–9세인 아이들이 주체할 수 없이 울며 통로를 걸어 내 쪽으로 오는 것을 보았다. 대부분 손으로 얼굴을 가린 채 비틀거리며 걸어오고 있었다. 연단 앞에 와서는, 서 있을 힘이 없는 듯 무릎을 굽히거나 무릎이 아예 없는 듯 푹 고꾸라졌다. 아이들은 사방에서 서로의 몸 위로 쓰러졌다. 안내위원들이 연신 흐르는 눈물을 닦으며 아이들을 거들었다. 몇 분도 안 되어 나는 100명 가까운 아이들이 엉엉 소리 내어 우는 모습을 보았다. 대부분 심히 떨고 있었다. 아이들은 주님의 명백한 임재 안에 사로잡혀 있었다.

 2-3분으로 그친 것이 아니다. 한 시간 넘게 계속됐다! 그 많은 아이들이 그렇게 오랫동안 엉엉 울고 있으면 그 소리가 귀에 거슬리지 않을까 생각될 수 있겠지만, 그 광경은 너무나 영광스러웠다. 대부분의 어른들도 하나님이 아이들에게 하시는 일을 지켜보며 눈물을 글썽였다. 동시에 그들 자신도 하나님이 강력한 임재 안에서 강하게 만지시는 것을 느끼고 있었다. 그 임재의 파도가 점차 더 강하게 밀려오는 듯했다. 아이들이 더 이상 울거나 외치거나 떨지 못하는 상태가 되자, 하나님 임재의 파도가 다시 한번 밀려와 열기를 한 차원 높였다. 그분의 임재가 너무 무거워 나는 수시로 고개를 떨굴 수밖에 없었다.

 나는 7살밖에 안된 여자아이가 자기 손에 불이 붙기라도 한 듯 두 손을 마구 비트는 모습을 보았다. 울부짖으며 위로 쳐든 아이의 얼굴은 눈물 범벅이었다. 아이들 위에 머무시는 하나님이 어찌나 강하게 느껴지던지 안내위원들도 처음에 거든 뒤로는 아이들에게 손대지 못했다. 그들은 서서 울면서 그저 바라볼 뿐이었다.

 몇몇 어른들은 얼굴을 땅에 묻고 꼼짝하지 않았다. 다른 사람들은 눈물에 젖어 아련하게 보이는 광경을 떨리는 마음으로 바라보았다. 내가 몇 차례 돌아보니 목사는 얼굴을 손에 묻고 울고 있고, 그의 아내는 성가대석에 주저앉아 울고 있었다.

나중에 목사는 그날 저녁 있었던 일을 자신의 관점에서 적은 편지를 보내왔다. 비슷한 내용이지만 시각이 다르다는 점에서 내게는 중요한 것이었다.

1996년 11월 3일 일요일은 내가 영영 잊지 못할 날입니다. 나는 그날의 사건이 하나님이 이 땅에서 하시려는 일의 전조라 믿습니다. 존은 저녁 예배 때 주님을 경외하는 것에 대해 설교한 뒤 이렇게 선포했습니다. "우리는 삶의 모든 영역에서 예수님이 주인 되시게 해야 합니다. 우리 주님이신 그분께 지금 온전히 드려야 합니다."

한동안 예배가 이어진 후 존이 말했습니다. "지금 성령께서 이곳에서 역사하고 계신 것이 느껴집니다." 그때 아이들과 청소년들과 어른들 사이에서 흐느끼는 소리가 들렸습니다. 어른들이 울면서 강단 앞으로 나오기 시작했습니다.

그때 존이 말했습니다. "하나님이 아이들을 만지고 계십니다. 주님께서 아이들을 강력하게 만지실 것입니다." 이어 그는 하나님의 임재 안에서 그 만지심을 입고 있는 아이들을 앞으로 나오게 했습니다.

나는 아이들이 주체할 수 없이 울면서 강단으로 달려가는 것을 보았습니다. 내 세 아들과 딸도 있었습니다. 사방에서 아이들이 혹은 무릎꿇고 혹은 엎드린 채 예수님을 부르며 소리질렀습니다. 하나님의 불이 그들 가운데 내리자 심하게 손을 떨며 비트는 아이들도 있었습니다. 100명 가까운 아이들이 강단을 가득 메웠고, 예배당은 온통 성령의 불길에 휩싸였습니다. 나는 아이들이 서로의 몸 위로 겹쳐 쓰러지는 모습을 보았습니다. 아무도 그들에게 손대지 않았습니다.

한 시간 반 동안(한 시간 15분이지만 그의 글을 고치고 싶지 않다) 우리는 하나님의 임재에 젖어 있었습니다. 예배가 끝날 무렵 부모들과 아이들은 끌어안고 울었습니다. 하나님이 그들의 마음을 이어 주셨습니다.

열 살 된 한 남자아이는, 바닥에 엎드려 있다가 천장에서 희고 환한 광선이 퍼져 내려와 모든 사람 위에 머무는 것을 보았다고 말했습니다. 회중석과 성가대석의 몇몇 어른들도 같은 얘기를 했습니다. 밤 11시가 되도록 아무도 그곳을 떠나지 않았습니다. 아이들은 여전히 울음을 그치지 못한 채 들려 나갔습니다.

이후, 아이들이 변화되어 전도하고 순종하고 있다는 등의 얘기들이 들려오고 있습니다. 목사인 나의 가정과 자녀들도 진정 달라졌음을 고백할 수 있습니다.

커버넌트 러브 패밀리 교회

담임목사 앨 브라이스

천장에서 희고 환한 광선이 퍼져 내려왔다고 말한 아이의 고백이 내 주목을 끌었다. 하박국서에 이런 말씀이 있다.

여호와여, 내가 주께 대한 소문을 듣고 놀랐나이다. 여호와여, 주는 주의 일을 이 수년 내에 부흥케 하옵소서. 이 수년 내에 나타내시옵소서. 진노 중에라도 긍휼을 잊지 마옵소서. 하나님이 데만에서부터 오시며 거룩한 자가 바란 산에서부터 오시도다(셀라). 그 영광이 하늘을 덮었고 그 찬송이 세계에 가득하도다. 그 광명이 햇빛 같고 광선이 그 손에서 나오니 그 권능이 그 속에 감취었도다(합 3:2-4).

물론 이 아이는 먼 옛날 하박국이 이런 글을 남겼다는 사실을 전혀 몰랐을 것이다. 우리는 요엘이 예언했던 것을 우리 눈으로 목도했다. "너희 자녀들이 장래 일을 말할 것이며… 너희 젊은이는 이상을 볼 것이며"(2:28). 아무 지식도 없는 열 살짜리 소년이 성경에 나온 것과 비슷한 이상을 본 것이다.

"엄마, 금식은 끝나지 않았어요"라고 담대히 선언한 아이도 있었다. 그의 말은 예언이었을 뿐 아니라 많은 다른 사람들의 열망을 대변한 것이었다. 이들 어린이들은 살아 계신 하나님의 임재를 체험했고 삶이 달라졌다. 그들은 멈추지 않고 계속 가기 원했다. 그날 밤늦게 목사의 아내는, 그날 일어난 일에 대해 하나님이 자기에게 주신 성경말씀을 우리에게 나누었다.

여호와의 말씀에 너희는 [모든 방해가 없어지고 깨어진 교제가 회복될 때까지] 이제라도 금식하며 울며 애통하고 마음을 다하여 내게로 돌아오라 하셨나니 너희는 옷을 찢지 말고 마음을 찢고(욜 2:12-13).

그녀가 이 말씀을 읽는 동안 내 마음 깊은 곳이 뜨거웠다. "돌아오라"는 말은 그대로 그 교회의 결단이 됐다. 교인들은 그분의 마음을 좇기로 작정했다. 그들은 물러나지 않을 참이었다. 하나님은 우리에게 옷을 찢지 말고 마음을 찢으라고 하신다.

오늘날, 겉보기에는 모든 것을 갖춘 것 같은데 이 교회처럼 하나님의 심장을 직접 만지지는 못하는 신자들과 교회들이 많다. 이유는 무엇인가? 그들은 금식하고 기도회를 열고 외적 방종을 삼가는 바, 겉으로 드러난 '옷'에 관한 한 좋아 보일지 모르지만 속에는 고집스런 마음을 감추고 있다.

그들은 여전히 남을 섬기기 위해서가 아니라 자기 목표를 위해 산다. 하나님은 기독교의 외양보다 내면의 순종에 더 감동하신다. 요엘의 말은 이렇게 이어진다.

너희는 시온에서 나팔을 불어 거룩한 금식일을 정하고 성회를 선고하고 백성을 모아 그 회를 거룩케 하고 장로를 모으며 소아와 젖 먹는 자를 모으며 신랑을 그 방에서 나오게 하며 신부도 그 골방에서 나오게 하고(욜 2:15-16).

그녀가 계속 읽어 나가는 동안 내 마음의 불길은 더욱 퍼졌다. 이것은 하나님이 40일 전 이 교회에 명하신 바로 그 말씀이었다. 예언의 말에 나팔이 울리자 모든 사람은 하나님을 구해야 했다. 지도자들부터 어린이들까지 아무도 예외가 없었다. 그녀는 계속 읽었다.

그 후에 내가 내 신을 만민에게 부어 주리니 너희 자녀들이 장래 일을 말할 것이며 너희 늙은이는 꿈을 꾸며 너희 젊은이는 이상을 볼 것이며 그때에 내가 또 내 신으로 남종과 여종에게 부어 줄 것이며(욜 2:28-29).

나는 구원받은 이후, 신자들이고 사역자들이고 이 요엘 2장 28-29절 "그 후에…"라는 말씀을 빈번히 인용하는 것을 보았다. 그러나 성령의 놀라운 이적과 기사, 자녀들이 예언하고 이상을 본다는 말은 수없이 들었으나 '그 후에' 라는 단어는 설교나 가르침에서 무시되기 일쑤였다. '그 후에' 일어날 일이 예언됐다면 당연히 그전에 뭔가 중요한 일이 일어나야 한다. 즉 교회가 나팔 소리에 응해 하나님을 가까이해야 하는 것이다.

우리가 가까이할 때 하나님은 강력하게 응답하신다. 우리는 그분이 부르실 때 가까이 가야 한다. 또 하나 중요한 요소는, 많은 신자들이 놓치는 부분인데 바로 타이밍이다. 기도와 교제를 통해 언제든 주님께 갈 수 있는 문이 신자들에게 항상 열려 있긴 하지만, 그분이 특정 목표를 위해 우리를 부르시는 때와 시기가 있다. 이 책을 읽다 보면 그 점을 깨닫게 될 것이다. 그럴 때는 타이밍이 절대적으로 중요하다. 바로 응답하지 않으면 하나님이 우리에게 주시려는 복을 놓치기 때문이다.

그럴 때 초점은 우리의 의지나 소원이 아니라 순종에 있다. 하나님은 제사보다 순종을 훨씬 기뻐하신다. 나는 연속 금식 기도를 쉬지 않는 교회들을 보았다. 많은 교인들이 잠을 희생해 가며 기도 순번을 채운다. 하지만 그런다고 그분의 능력과 임재가 보장되는 것은 아니다. 앞서 소개한 커버넌트 러브 패밀리 교회에 풍성히 있는 것이 이러한 교회들에는 없는 것을 나는 보았다. 그들은 형식은 있으나 마음이 없었다.

개인들도 마찬가지다. 경건하게 금식 기도를 하지만 자유와 능력과 하나님을 아는 친밀한 지식이 없는 사람들을 나는 많이 보았다. 반면 희생은 그에 미치지 못해도 성령의 인도에 응답하는 사람들에게는 그런 마음이 있는 것을 보았다.

그 교회는 하나님이 부르시는 음성에 귀기울였다. 이후 1년 반 만에 교회는 두 배로 성장했다. 당시 교회는 그날 밤 우리가 모였던 강당을 막 완공한 상태였는데, 6개월도 못 되어 더 큰 본당이 필요해 다시 건축을 시작해야만 했다.

그 후로도 목사와 나는 자주 얘기를 나눴다. 그는 말했다. "존, 10시에 시작되는 주일 아침 예배가 오후 2-3시나 돼서야 끝나는 일이 계속되고 있어." 어느 일요일 그가 전화해 말했다. "제발 집에 가십시오 하며 교인들을 떠밀어야 했네." 그런데도 그들은 떠날 생각 없이 그를 쳐다보며 서 있을 뿐이라고 했다.

하나님은 약속을 지키셨다. 그 집회는 우리가 여태 경험한 것 중 가장 강력한 집회였다. 성령의 인도에 대한 우리의 협조와 순종을 통해 그분 뜻이 이루어졌다. 3년이 지났지만, 지금도 그 예배로 인해 경험한 간증들이 들리곤 한다. 열매는 지속되고 있다. 그 후로도 나는 몇 차례 그곳에서 말씀을 전했는데, 그때마다 하나님을 향한 그들의 열정과 진실한 갈망은 더해 갈 뿐이다.

심령이 불타는 거룩한 신부

1년 전, 나는 말레이시아 콸라룸푸르의 국내 최대 성경학교에서 일주일간 말씀을 전하고 있었다. 그런데 여덟 번째 집회에서 이와 비슷한 체험을 했다. 그것은 또 하나의 잊지 못할 집회가 되었다. 비록 5-10분밖에 지속되지 않았지만, 참석 중인 학생들과 많은 다른 사람들 위에 성령이 강하게 임하셨다. 그리고 다음날 아침 기도 중에 하나님이 내게 말씀하셨다. "네가 어제 본 일을 앞으로는 도처에서 보게 될 것이다. 그것은 장차 교회에서 일어날 성령의 마지막 역사 중 하나다." 그분은 성령의 이 역사가 어떻게 교회에 참된 거룩함의 열매를 맺고, 다가올 추수를 대비케 할 것인지 내게 보여 주셨다. 하나님은 이전에 우리가 결코 경험하지 못한 불, 활활 타오르는 열정의 불을 자기 백성에게 붙여 주실 것이다.

나는 당신이 이 책을 든 것이 우연이 아니라고 믿는다. 장차 그분이 하시려는 일에 당신의 마음을 준비시키고 갈급함을 심어 주시기 위한 하나님의 섭리다. 우리는 그분의 재림을 위해 나 자신을 준비해야 한다. 사도 요한은 말했다. "우리가 즐거워하고 크게 기뻐하여 그에게 영광을 돌리세 어린 양의 혼인 기약이 이르렀고 그 아내가 예비하였으니"(계 19:7).

그리스도의 '그 아내'가 바로 우리다. 우리에게는 중요한 역할이 있다. 그분과의 연합을 위해 자신을 준비하는 것이다. 재차 강조하고 싶다. 우리는 자신을 준비해야 한다. 이것은 거룩한 협력이다. 그분이 우리 몫까지 다 해 주시지 않는다! 이것은 그분의 공급에 대한 우리의 반응이다. 그분은 은혜를 주시고 우리는 불을 품는다. 그분은 세상의 얼룩지고 때묻은 교회를 위해 다시 오시지 않는다. 그분은 참된 거룩함으로 심령이 불타는 순결한 신부를 위해 다시 오신다.

A HEART ABLAZE

Part 1
하나님의 불을 예비하라

CHAPTER 1

내 안에 거하시게 하라

우주와 그 안의 모든 것을 창조하신 하나님이
우리 안에, 우리 가운데 거하실 뜻을 밝히신다.

나는 교회 지도자들이 하나님의 임재에 관해 얘기할 때 '방문(visitation)'이라는 단어를 쓰는 것을 자주 듣는다. 앞 장에 말한 교회 예배처럼 단체 모임일 때도 그렇고 개인적 만남일 때도 그렇다. 그러나 주님이 원하시는 것은 방문이 아니라 '거주(habitation)'다. 그 차이는, 예컨대 이런 것이다. 우리 이웃집 사람들은 좋은 친구들이다. 나는 그들 집에 가 함께 시간을 보낼 때가 많다. 그러나 일단 방문이 끝나면 나는 내 거주지인 우리 집으로 돌아온다. 주님이 신자들에게 주시는 최고의 약속 중 하나는 이것이다.

내가 저희 가운데 거하며 두루 행하여 나는 저희 하나님이 되고 저희는 나의 백성이 되리라(고후 6:16).

얼마나 놀라운 말씀인가! 우주와 그 안의 모든 것을 창조하신 하나님이 우리 안에, 우리 가운데 거하실 뜻을 밝히신다. 이 약속을 근거로 바울은 우리가 "성령 안에서 하나님의 거하실 처소가 되기 위하여… 함께 지어져 가느니라"(엡 2:22)고 말했다. 이것이 우리를 향한 그분의 약속이다. 단, 성경의 모든 약속에는 조건이 있다. 조건이 충족되지 않으면 약속은 무효가 된다. 하나님이 신실하지 못해서가 아니라 우리가 신실하지 못하기 때문이다. 하나님이 거짓말하는 것은 불가능한 일이지만 인간이 무시하거나 왜곡함으로 그분의 말씀을 폐하는 것은 불가능한 일이 아니다(막 7:13). 하나님이 우리 안에, 우리 가운데 거하신다는 약속도 예외가 아니다.

바울은 계속해서 이렇게 말한다.

그러므로 주께서 말씀하시기를 너희는 저희 중에서 나와서 따로 있고 부정한 것을 만지지 말라. 내가 너희를 영접하여(고후 6:17).

이 약속의 조건은 우리가 세상 방식을 버리는 것이다. 우리가 이 조건을 충족하면 하나님은 우리를 영접하겠다고 말씀하신다. 거꾸로, 우리가 나오지 않는다면 그분은 우리를 영접하지 않으신다. 왜 영접하지 않으실까? 거기에 답하려면, 하나님이 순전한 빛이시며 그분 안에는 어둠의 흔적이 없다는 사실을 알아야 한다. 순전한 빛의 임재 안에 어둠은 거할 수 없다.

  이 책을 읽어 나가는 동안 우리는 그분의 빛이 곧 그분의 거룩함을 뜻한다는 사실을 알게 될 것이다. 성경은 그분이 거룩함을 지녔다고 말하지 않고 그분의 존재 자체가 거룩하다고 말한다!(레 19:2) 세상 방식은 어둠이며, 어둠을 따르는 자들은 빛 가운데 거할 수 없다. 하나님은 선포하신다. "너희는 스스로 깨끗하게 하여 거룩할지어다 나는 너희 하나님 여호와니라"(레 20:7). 스스로 깨끗하게 한다는 것은 세상과의 관계를 거부하는 것이다. 신약의 야고보는 "이 세상을 즐기는 것이 너희 목표라면 너희는 하나님의 친구가 될 수 없다"(약 4:4, NLT)고 밝히 말한다. 좀 더 강하게 "누구든지 세상과 벗이 되고자 하는 자는 스스로 하나님과 원수 되게 하는 것이니라"(개역)고 번역된 것도 있다.

  베드로는 순전한 백성을 원하시는 하나님의 마음을 이렇게 강조한다. "오직 너희를 부르신 거룩한 자처럼 너희도 모든 행실에 거룩한 자가 되라 기록하였으되 내가 거룩하니 너희도 거룩할지어다 하셨느니라"(벧전 1:15–16). 거룩함이란 선택 사항이 아니다. 우리가 세상 방식에서 스스로 깨끗하게 해야 한다는 그분의 조건을 존중하지 않는 한 하나님은 우리 안에, 우리 가운데 거하시지 않는다. 「메시지」(신약을 현대어로 번역한 책. 유진 피터슨 저)는 그 구절을 이렇게 옮겼다.

  하나님이 말씀하신다. "그러니 타락과 타협을 떠나되 아주 떠나라. 너희를 오염시킬 자들과 어울리지 말라. 나는 너희의 전부를 내 것으로 원한다"(고후 6:17).

우리 아버지가 되시고 우리 안에, 우리 가운데 거하시겠다는 하나님의 약속은 엄청난 것이다. 그럴수록 그분이 붙이신 조건을 신중하게 살펴보는 것이 더 중요해진다. 이 조건의 심각성을 생각하며 바울은 이렇게 말했다. "그런즉 사랑하는 자들아 이 약속을 가진 우리가 하나님을 두려워하는 가운데서 거룩함을 온전히 이루어 육과 영의 온갖 더러운 것에서 자신을 깨끗하게 하자"(고후 7:1).

이 구절들에는 책을 몇 권이라도 쓸 수 있을 만큼 깊은 의미가 담겨 있다. 그러나 대다수 신자들은 제한된 의미 파악에 그친다. 의미를 전혀 이해하지 못하는 이들도 많다. 문맥을 모르기 때문이다. 바울은 하나님이 구약시대 이스라엘에게 하신 말씀을 인용하고 있다. 그분이 바라시는 바가 신약시대 사람들에 대해서도 달라지지 않았음을 밝힌 것이다. 우리는 이 말씀이 나오게 된 상황과 사건을 이해할 필요가 있다. 그렇게 하고 나면, 말씀에 그분이 의도하신 영적 힘이 생긴다.

영화를 생각해 보자. 작가와 감독과 출연진이 신중히 짠 구성에 따라 영화는 어느 지점에서 클라이맥스에 도달하게 돼 있다. 그 지점에 이르기까지 많은 사건이 일어난다. 영화를 처음부터 따라온 관객들은 클라이맥스 장면에서 감동한다. 그러나 영화의 앞부분을 보지 않고서 똑같은 상황의 대사를 들었다고 해 보자. 그 감동은 훨씬 미미할 것이다.

나도 어렸을 때 그런 적이 있다. 내가 거실에 들어가니 부모님과 누이들이 영화를 보고 있었다. 그들은 영화에 빠져 화면에서 눈을 떼지 않았고, 내가 방에 들어왔다는 사실조차 알아채지 못했다. 흘

끗 보니 마침 주인공이 극적인 대사를 하고 있는 것 같았다. 누이들은 울기 시작했다. 그러나 그 대사가 내게는 별 의미가 없었다. '큰일이라도 났나?' 그 정도였다. 나는 영화에서 벌어진 그 일에 조금도 관심이 없었다. 그러나 그 대사 한마디는 가족들의 마음에 깊은 감격을 자아냈다.

똑같은 원리가 여기도 적용된다. 하나님의 입에서 나온 이 극적인 말씀을 그냥 무심히 읽어 넘기는 신자들이 많다. 그 말씀이 나오게 된 드라마를 모르기 때문이다. 우리에게 주시는 하나님 말씀의 힘을 온전히 맛보려면 그 말씀이 나오게 된 줄거리 내지 드라마를 알아야 한다. 지금부터 몇 장에 걸쳐 그 내용을 살펴볼 것이다. 우선 출애굽기로 갈 필요가 있다.

운명이 결정되는 만남

출애굽기는 아브라함의 후손들이 노예 생활 하는 장면으로 시작된다. 그들은 400년 가까이 애굽에 살았다. 정착 초기에는 좋았지만 세월이 흐르면서 그들은 노예가 되어 가혹한 학대를 당했다.

그러나 히브리인 태생의 모세라는 남자는 처참한 대우에서 벗어나 있었다. 아기 때 바로의 집에 들어가 왕의 손자로 자랐기 때문이다. 그러나 마흔 살 때 모세는 동족에 대한 충절 때문에 살인을 저질렀고, 바로의 분노를 피해 달아나야 했다.

다시 40년이 지났다. 모세가 후미진 광야에서 장인의 양 떼를 치고 있을 때 하나님이 그에게 자신을 계시하셨다. 계시는 하나님의 산 호렙으로 불리는 시내 산에서 일어났다. 여호와가 떨기나무 불꽃 가운데서 모세에게 나타나셨다. 불이 붙었으나 타지 않는 떨기나무를 보며 모세는 말했다. "내가 돌이켜 가서 이 큰 광경을 보리라 떨기나무가 어찌하여 타지 아니하는고 하는 동시에 여호와께서 그가 보려고 돌이켜 오는 것을 보신지라 하나님이 떨기나무 가운데서 그를 불러…"(출 3:3-4).

모세가 돌아서 여호와의 임재로 가까이 나온 후에야 비로소 그와 하나님 사이에 일이 시작되었다. 여호와 하나님은 모세가 정해진 업무를 내려놓고 가까이 오는 것을 보시고야 그를 부르셨고, 나아가 말씀을 통해 자신을 계시하셨다. 모세가 그 광경을 눈여겨보지 않고 그냥 무시했다면 하나님은 필시 아무 말씀 없이 떠나셨을 것이다. 신약성경은 우리에게 "하나님을 가까이하라 그리하면 너희를 가까이 하시리라"(약 4:8)고 말한다.

먼저 가까이하는 쪽은 누구인가? 하나님인가 우리인가? 하나님은 우리를 부르신다. 그러나 우리가 먼저 하나님께 가까이 가야 그분도 우리를 가까이하여 자신을 계시하실 수 있다. 이것이 내가 말하고자 하는 바다. 사실 그것이 우리 운명을 결정한다.

분별력은 친밀함에서 나온다

하나님은 모세에게 자신을 계시하셨고, 이스라엘 백성을 보내라는 그분 말씀을 바로에게 전하라고 하셨다. 바로의 완강한 고집에도 불구하고 하나님은 기적과 기사와 이적의 능하신 손으로 아브라함의 후손을 구원하셨다.

이스라엘이 애굽의 속박에서 구원받은 것은 신약시대 우리가 죄의 굴레에서 구원받은 것에 비견된다. 애굽은 세상 방식의 모형이요 이스라엘은 교회의 모형이다. 거듭날 때 우리는 폭정과 압제의 세상 방식에서 자유를 얻는다. 이스라엘 자녀들이 해방된 후 모세는 그들을 데리고 어디로 향했을까? 말씀을 전할 때 이 질문을 던지면 대부분 "약속의 땅 가나안"이라고 답한다.

하지만 그것은 틀린 답이다. 그는 호렙이라고도 불리는 시내 산으로 향했다. 하나님이 모세를 통해 바로에게 주신 말씀은 "내 백성을 보내라 그들이 광야에서 나를 섬길 것이니라"(출 7:16; 8:1,20; 9:1,13; 10:3)였다. 모세가 어찌 감히 약속 주신 분을 먼저 만나게 하지도 않고 약속의 땅으로 그 백성을 들이려고 했겠는가? 그것은 하나님이 그 백성에게 원하시는 바가 아니다. 하나님의 계시 없이 약속의 땅에 들어간다면 그들은 그곳을 우상의 소굴로 만들 것이다.

그것이 바로 지난 25년간 구원받은 수많은 교인들에게 있었던 일이다. 그동안 강조점은 하나님의 마음과 성품이 아니라 그분의 약속과 공급을 통해 사람들을 끌어들이는 데 있었다. 교회의 메시지는, 사람들을 영광의 주님을 알고 섬기는 생활로 이끈 것이 아니라 영원한 안전에 수반되는 형통한 생활로 끌어 모았다. 군중이 몰릴 만한 긍정적 메시지를 애써 전하는 사역자들이 많다. 거룩하신 하나님을 만나려면 강한 책망의 메시지를 통한 변화가 필요하건만 그들은 그런 메시지를 뺀다.

모세는 시내 산에서 하나님을 만나고 변했었다. 그는 백성에게도 그와 같은 체험이 꼭 필요함을 알았다. 떨기나무에서 여호와를 만나지 않았다면, 그는 백성을 해방시켜 본토로 돌아가게 하는 독립 운동을 벌였을 것이다. 오래 전에도 그 비슷한 일을 하려다 도망치지 않았는가.

하나님의 계시가 아니라 인간적 사명감으로 메시지를 전하는 사역자들이 있다. 하지만 인간적 사명감은 있되, 후미진 광야에서 자신을 계시하실 기회를 하나님께 드린 적이 없다면 우리는 자유를 위한 자유로 사람들을 이끄는 것이다. 그러나 우리가 사람들을 자유로 이끄는 참 목적은 그들을 하나님께 인도하기 위해서다. 우리는 그분을 위해 지음받은 존재다.

사도행전에 이런 말씀이 있다.

> 모세가 애굽 사람의 학술을 다 배워 그 말과 행사가 능하더라. 나이 사십이 되매 그 형제 이스라엘 자손을 돌아볼 생각이 나더니 한 사람의 원통한 일 당함을 보고 보호하여 압제받는 자를 위하여 원수를 갚아 애굽 사람을 쳐 죽이니라. 저는 그 형제들이 하나님께서 자기의 손을 빌어 구원하여 주시는 것을 깨달으리라고 생각하였으나(행 7:22-25).

모세는 고통을 보았고 그것을 덜어 주고 싶었다. 그는 자기가 하나님의 백성을 구하도록 부름받은 것도 알았다. 심중에 그런 의식이 있었다. 그러나 하나님의 계시가 없었기에 그는 그들의 운명을 이끌 준비가 돼 있지 않았다. 바른 목표가 없는 리더십은 아예 리더십이 없는 것보다 더 위험할 수 있다. 당시 모세는 지도자였고 목표도 있었으나 그의 목표는 온전치 못했다. 하나님의 계시가 없이는 기껏해야 백성을 자유의 진정한 목표-하나님을 친밀하게 아는 것-가 없는 공급의 땅으로 인도할 수밖에 없다. 그래서 하나님은 그를 후미진 광야로 인도하셨다. 두고 온 세상으로부터 모세의 마음을 잠잠케 하기 위해서였다. 광야에서 그는 하나님의 계시에 열망으로 응답할 수 있었고, 준비된 마음으로 이렇게 말할 수 있었다. "내가 돌이켜 가서… 보리라."

'좋은' 일이라고 무조건 참된 사역이 아님을 우리는 알아야 한다. 40세 때 백성에게 자유를 주고 싶었던 모세의 소원은 좋은 것이었으나 참된 사역은 아니었다. 하와는 선악을 알게 하는 나무의 악 쪽이 아닌 '선' 쪽에 끌렸다. "여자가 그 나무를 본즉 먹음직도 하고[먹기 좋아 보였고] 보암직도 하고 지혜롭게 할 만큼 탐스럽기도 한 나무인지라 여자가 그 실과를 따먹고"(창 3:6). 하와는 하나님처럼 되고 싶었다. 그러나 좋아 보이고 하나님처럼 되는 일 같지만 실은 그분의 성품과 마음에 어긋나는 일이 무수히 많다. 그분을 친밀하게 알 때에만 우리는 진정 좋은 것을 분별할 수 있다.

기독교의 목표는 친밀한 교제

모세는 백성을 애굽에서 이끌어 내 하나님을 예배하도록 광야로 데려갔다. 그러나 그들은 바로 시내 산으로 가지 않았다. 열흘

이나 열하루면 갈 길을 3개월 걸려 당도했다. 하나님은 왜 그렇게 하셨을까? 답은 간단하며, 모세의 경우와 다르지 않다. 하나님은 그들도 모세처럼 자신의 계시를 받아들일 수 있도록 마음을 잠잠케 할 시간을 주려 하신 것이다.

일행이 시내 산 밑에 도착하자 모세는 백성을 거기 두고 하나님의 임재가 있는 곳으로 올라갔다. 그러자 여호와가 그를 불러 말씀하셨다. "너는 이같이 야곱 족속에게 이르고 이스라엘 자손에게 고하라…"(출 19:3).

모세에게 주신 하나님 말씀을 더 읽기 전에 나는 이 메시지를 누구에게 주신 건지 한번 짚어 보고 싶다. 단지 아론과 그 아들들이 아니었다. 단지 레위 자손이 아니었다. 하나님의 메시지는 이스라엘 백성 전원에게 주어진 것이었다. 지파와 씨족과 개인을 무론하고 가장 작은 자에서 가장 큰 자에 이르기까지 애굽에서 구원받은 모든 사람에게 주어진 것이었다.

이제 하나님의 메시지를 들어 보라. "나의 애굽 사람에게 어떻게 행하였음과 내가 어떻게 독수리 날개로 너희를 업어 내게로 인도하였음을 너희가 보았느니라"(출 19:4). '내게로 인도하였음' 이라는 말에 당신이 창조된 모든 이유가 들어 있다! 하나님이 당신을 만드시고 큰 희생을 치러 구원하신 동기는 당신을 그분 자신께 인도하기 위해서였!

우리는 인류의 시작부터 그 동기를 본다. 하나님이 에덴 동산에 인간을 두신 이유는 무엇인가? 아담은 전세계 구원 사역을 위해 지음받지 않았다. 교량이나 고층건물을 지으라고 동산에 놓여진 것도 아니다. 하나님이 아담을 동산에 두신 것은 살아 계신 그분과 교제하며 동행하게 하시기 위함이다. 그 교제에서 고층건물도 나올 수 있고 사역도 나올 수 있으나 그런 것 자체는 인간 실존에 대한 하나님의 목표가 아니다.

구원받고 첫 7년 동안 나는 하나님의 약속과 공급을 강조하는 대형 교회에 다녔고 후에는 거기서 사역도 했다. 온 세상에 복음을 전하려는 열정이 아주 뜨거운 교회였으나 거기서 전해진 복음은 하나님을 아는 영광보다는 천국의 혜택을 강조했다. 국제적으로 아주 유명한 교회였으므로 세계 각지에서 사람들이 찾아왔다. 영혼 구원에 대한 지도자의 열정은 전염성이 있었다. 많은 교인들이 세계 복음화 사역에 열심을 냈고 나도 물론 그 중 하나였다.

그 교회에 다니던 처음 몇 해 동안 나는 아침 일찍 일어나 1시간 반씩 기도하고 출근했다. 나는 죽어 가는 잃은 영혼들을 구원하고 병자들을 고치는 일에 나를 써 달라고 하나님께 구했다. 땅 끝까지라도 가서 포로들을 자유케 하겠다고 울부짖었다. 그렇게 열심히 기도하던 어느 날 아침, 내 마음속에 주님의 음성이 들려왔다. "존, 네 기도는 틀렸다!"

이런 생각이 들었다. '이건 하나님의 음성일 수 없다. 원수의 짓이다.' 하지만 나는 그것이 주님의 음성임을 알았다. 당황했다. "주님, 어떻게 제게 이렇게 말씀하실 수 있습니까? 저는 사람들의 구원과 치유와 해방을 위해 기도하고 있습니다. 이거야말로 주님이 원하시는 일입니다!" 그러나 하나님은 내 말 이상을 보셨다. 그분은 내가 그분의 참 성품을 얼마나 모르고 있는지 보셨다. 그리고 그것이 없는 한 설령 내가 사람들을 굴레에서 이끌어 낸다 할지라도, 그 사역이 결국 나와 내게 배우는 많은 이들을 더 심한 우상의 굴레에 빠뜨릴 것임을 그분은 아셨다. 그것도 교회 안에서.

그분은 내게 말씀하셨다. "존, 기독교의 목표는 사역이 아니다. 너는 귀신을 쫓아내고 병자를 고치고 사람들을 구원으로 이끌고도 결국 지옥에 갈 수 있다." 그리고 덧붙이셨다. "유다는 자기 일을 버리고 나를 좇았다. 그는 병자를 치유했고 죽은 자를 살렸고 귀신을 쫓아냈다. 그러나 그는 지옥에 있다." 이 말씀이 내 마음을 놓아 주지 않았다. 사도들이 권능을 받고 나가 병든 자를 고치고 죽은 자를 살리고 귀신을 쫓아냈을 때 유다도 그중에 있었음을 우리는 잊지 말아야 한다(마 10:1-8).

나는 얼른 여쭈었다. "그러면 기독교의 목표는 무엇입니까?" 그분은 즉각 답하셨다. "나를 친밀하게 아는 것이다!" 바울이 "그리스도[를]… 알려 하여"(빌 3:10) 모든 것을 배설물로 여겼다고 말한 것이 퍼뜩 생각났다. 주님은 내 마음에 속삭이셨다. "그 친밀한 관계에서 참 사역이 나올 것이다." 다니엘도 그것을 이렇게 확증했다. "오직 자기의 하나님을 아는 백성은 강하여 용맹을 발하리라"(단 11:32).

예수님은 소경이 소경을 인도하면 둘 다 구덩이에 빠진다고 말씀하셨다(마 15:14). 먼저 눈을 떠서 주님을 보지도 않은 채 사람들을 속박에서 끌어내려는 모든 이들도 마찬가지다. 그래서 바울은 우리 마음 눈을 밝혀 그분을 알게 해 달라고 그토록 간절히 기도했다(엡 1:18). 그분의 광명이 있어야 우리는 비로소 볼 수 있다(시

36:9). 그분의 계시가 없다면 우리는 장님이다. 그분을 친밀하게 알아가지 않는 자들은, 동기는 선할지 모르나 하나님의 계시가 없기에 결국 자기도 구덩이로 향하고 남들도 거기로 이끌게 된다.

내 신앙 초년 시절에 그런 일이 있었다. 목사는 복 주시는 하나님보다 축복의 약속에 더 치중했다. 그는 하나님의 약속을 믿고 행동하여 아주 세련된 삶을 살았으나 하나님의 성품에 대한 계시가 없었기에 잘못된 길로 빠지기 시작했다. 그는 결국 교인들 앞에 서서, 자녀까지 둔 자기 아내와 더 이상 같이 살 뜻이 없음을 공표했다. 그리고 받아들일 수 없는 교인들은 떠나도 좋다고 말했다. 이어 그는 역시 사역자인 젊고 활동적이고 야망에 찬 여자와 결혼했다. 그녀는 그의 삶에 큰 올무가 됐다. 그의 교회는 수천 명에서 수백 명으로 줄었고, 교회를 버린 사람들도 많았다. 이후 그는 그녀와도 이혼하였고 교회를 시에 팔았다.

모세는 무엇이 자기 삶을 변화시켰는지 알았다. 살아 계신 하나님과의 만남 그리고 친밀한 교제였다. 그는 백성을 어디로 데려가야 할지 알았다. 그들은 곧바로 약속의 땅으로 가서는 안됐고, 그들을 진정 채워 주실 유일한 분께로 가야 했다. 모세는 자신이 지음 받은 목표를 깨달았고, 하나님 마음을 찾아야 할 필요성을 인식했다. 하나님 마음은 그분의 축복으로 계시된 것이 아니라 대면하여 그분 말씀을 들을 때 계시됐다.

CHAPTER 2

영과 육의 옷을 빨라

교회로서 우리의 책임은 지난 2,000년간 우리 자신을 성결케 하여
그리스도의 재림을 준비하는 것이었다!

하나님이 이스라엘 자손을 애굽의 굴레에서 구원하신 목적은 그들을 자신 앞으로 인도하여 친히 그 가운데 거하시기 위함이었다. 모세에게 주신 그분의 말씀에서 그것을 볼 수 있다. "그들은 내가 그들의 하나님 여호와로서 그들 중에 거하려고 그들을 애굽 땅에서 인도하여 낸 줄을 알리라"(출 29:46). 잊지 말라. 그분이 구하시는 것은 방문이 아니라 거주다.

이제 신약에 나오는 베드로의 말을 보자(주의 깊게 읽기 바란다). "사람에게는 버린 바가 되었으나 하나님께는 택하심을 입은 보배로운 산 돌이신 예수에게 나아와 너희도 산 돌같이 신령한 집

으로 세워지고 예수 그리스도로 말미암아 하나님이 기쁘게 받으실 신령한 제사를 드릴 거룩한 제사장이 될지니라"(벧전 2:4-5). 하나님은 거할 곳을 원하신다. 베드로는 그것을 그분의 '신령한 집'이라 표현했다. 우리는 하나님이 친히 거하기 원하시는 그 집의 살아 있는 벽돌이다.

베드로는 하나님의 처소로서의 우리 역할을 제사장직과 연결시킨다. 이 둘을 연결시키는 이유는 무엇인가? 심판에 처하지 않고 하나님께 가까이 갈 수 있는 인간은 제사장뿐이다. 제사장의 정의가 수없이 많지만 그중 가장 중요한 것은, 제사장은 하나님께 가까이 나아가 수종들 수 있다는 것이다(겔 44:13,15). 우리가 그분의 처소가 되려면 그분께 가까이 가는 것은 당연한 필수 요건이다. 우리는 하나님의 거룩하고 두려운 임재 안에 설 수 있어야 한다.

다시 베드로전서로 돌아간다.

경에 기록하였으되 "보라, 내가 택한 보배롭고 요긴한 모퉁이 돌을 시온에 두노니 저를 믿는 자는 부끄러움을 당치 아니하리라" 하였으니 그러므로 믿는 너희에게는 보배이나 믿지 아니하는 자에게는 "건축자들의 버린 그 돌이 모퉁이의 머릿돌이 되고" 또한 "부딪히는 돌과 거치는 반석이 되었다" 하니라. 저희가 말씀을 순종치 아니하므로 넘어지나니 이는 저희를 이렇게 정하신 것이라(벧전 2:6-8).

이 구절에 특이한 말씀이 나온다. 베드로는 "믿는 너희에게는"

이라고 말한 뒤 다시 "믿지 아니하는 자에게는… 저희가… 순종치 아니하므로"라고 말한다. 그는 믿음이라는 말과 불순종이라는 말을 대비시킨다. 오늘 우리는 그러지 못한다. 오늘날 믿음이라는 말은 순종이나 불순종과 전혀 무관하다. 교회 내 많은 사람들이 순종을 강조하지 않는 까닭이 거기 있다. 그러나 신약성경 기자들의 시대만 해도 둘은 밀접하게 얽혀 있었다. 믿는다는 것은 그분의 존재를 인정할 뿐 아니라 순종한다는 뜻이었다. 다시 말해, 당신이 믿는 자라면 순종해야 한다. 믿지 않는다는 증거는 불순종의 삶이다. 히브리서 기자는 예수님에 대해 "온전하게 되었은즉 자기를 순종하는 모든 자에게 영원한 구원의 근원이 되시고"(히 5:9)라고 썼다.

순종은 구원의 결정적 요소다. 예수님도 허다한 무리가 그분을 믿고 '주'라 부르며 심지어 그분의 이름으로 기적도 행하겠지만, 하나님의 뜻을 행하지 않았기에(순종하지 않았기에) 하나님 나라에 들어갈 수 없다고 말씀하신다(마 7:21).

왕 같은 제사장이요 거룩한 나라

이스라엘 자손들은 부름받은 사명에 부응치 못하고 실패했다. 받은 바 말씀에 불순종한 것이다. 그런데 베드로는 우리에 대해 이렇게 말한다. "오직 너희는 택하신 족속이요 왕 같은 제사장들이요 거룩한 나라요 그의 소유된 백성이니 이는 너희를 어두운 데서 불러내어 그의 기이한 빛에 들어가게 하신 자의 아름다운 덕을 선전하게 하려 하심이라"(벧전 2:9).

우리는 왕 같은 제사장들이요 거룩한 나라다. 하나님은 왕이시다. 왕족이시다. 따라서 그분께 가까이 와 섬기는 자들도 왕 같은 제사장들이라야 한다. 왕족만이 왕을 가까이서 섬기며 친밀하게 교제할 수 있기 때문이다!

그분의 제사장인 우리는 어두운 데서 불려 나와 그분의 기이한 빛에 들어왔다. 그냥 빛이 아니라 기이한 빛이다! 영어에는 하나님의 위대하심을 묘사하는 데 사용되는 몇몇 단어가 있는데 우리는 그 말들을 아무 데나 사용해 격을 떨어뜨렸다. 기이하다는 말도 물론 그중 하나다.

나는 '기이하다(marvelous)' '엄위하다(awesome)' '기묘하다(wonderful)'는 세 단어를 공부해 봤다. 신흠정역에 보면 이 세 단어는 거의 항상 하나님, 그분의 속성이나 사역을 묘사하는 데 쓰인다. 생각해 보라. 기이하다는 말은 경이롭기 그지없다는 뜻이고, 엄위하다는 말은 위엄이 가득하다는 뜻이고, 기묘하다는 말은 한없이 신기하다는 뜻이다. 사실 예수님의 이름은 기묘자다(사 9:6). 그런데 오늘 사람들은 이런 말을 아무 데나 사용한다. 영화가 좋아도 '절묘한 신기(神技)'를 논하고, 운동 선수에게 감동 받아도 '지존'을 들먹인다. 설교자가 사람들 앞에 서서 "하나님은 엄위하시다"고 말해도 그들은 그 말의 위력을 깨달을 줄 모른다. 프로 농구 올스타 선수를 수식하는 말로 수없이 들었기 때문이다. 이 책의 메시지를 통해 달라지기를 기도한다!

우리를 어두운 데서 불러내어 그분의 기이한 빛에 들어가게 하셨다는 베드로의 말은, 아주 강력한 단어를 사용해 하나님의 위대하신 속성을 표현한 것이다. 하나님은 절대적 빛이요 그분 안에는 어두움이 전혀 없기 때문이다. 이 위대한 빛은 인간의 육체가 접근할 수 없는 그분의 영광을 말한다.

고린도후서 6장과 마찬가지로 이번에도 우리가 문맥을 이해하지 못하면 이 말씀의 위력을 다 알 수 없다. 우리는 지금 자기 백성 가운데 거하시겠다는 하나님의 약속의 깊이를 헤아리는 중이다. 출애굽기로 돌아가 그 작업을 계속해 보자.

세상의 때를 벗으라

앞 장에서 본 것처럼 모세가 이스라엘 자손을 애굽에서 인도해 낸 것은 오늘 우리가 세상에서 구원받은 것의 모형이다. 애굽에서 나온 백성을 그는 하나님의 산 시내 산으로 인도했다. 그리고는 그들을 산 밑에 두고 하나님께 올라갔다. 거기서 그는 하나님의 이런 말씀을 들었다.

> 나의 애굽 사람에게 어떻게 행하였음과 내가 어떻게 독수리 날개로 너희를 업어 내게로 인도하였음을 너희가 보았느니라. 세계가 다 내게 속하였나니 너희가 내 말을 잘 듣고 내 언약을 지키면 너희는 열국 중에서 내 소유가 되겠고 너희가 내게 대하여 제사장 나라가 되며 거룩한 백성이 되리라. 너는 이 말을 이스라엘 자손에게 고할지니라(출 19:4-6).

이제 우리는 베드로의 말이 어디서 왔는지 안다. 그것은 본래 이스라엘 자손에게 주신 말씀이었다. 하나님은 아론과 그 아들들에게만 이 말씀을 주시지 않았다. 레위 지파에게만 주신 것도 아니다. 그분은 온 백성 즉 남녀노소 모든 히브리인에게 "너희가 내게 대하여 제사장 나라가 되고"라고 말씀하셨다. 모세처럼 그들 모두가 그분의 임재에 들어오는 것이 하나님의 소원이었음을 우리는 알아야 한다.

> 여호와께서 모세에게 이르시되 "너는 백성에게로 가서 오늘과 내일 그들을 성결케 하며 그들로 옷을 빨고 예비하여 제삼일을 기다리게 하라. 이는 제삼일에 나 여호와가 온 백성의 목전에 시내 산에 강림할 것임이니"(출 19:10-11).

우리는 이 구절의 의미를 신중히 분석해 볼 필요가 있다. 무엇보다, 이 모든 시나리오는 예언적이다. 그것은 그들에게 적용됐을 뿐 아니라 우리에게 주시는 하나님 말씀이기도 하다. 하나님은 모세에게 이틀 후 백성 앞에 강림하겠다고 말씀하셨다. 그동안 모세는 그들을 성결케 해야 했다. 옷을 빠는 것도 그 일부였다.

베드로후서 3장 8절에 이런 말씀이 있다. "사랑하는 자들아 주께는 하루가 천년 같고 천년이 하루 같은 이 한 가지를 잊지 말라." 시편 기자도 "주의 목전에는 천년이 지나간 어제 같으며"(시 90:4)라고 썼다. 하나님의 하루는 우리의 천년이다. 그렇다면 예수님이 죽은 자 가운데서 살아나신 지 얼마나 됐는가? 답은, 거의 이틀이다. 역사가들에 따르면 그분이 죽은 자 가운데서 살아나신 때는 주후 28년 내지 29년이다. 예언의 시간표에 따르면 우리는 예수님 재림을 코앞에 두고 있다! 이스라엘에게 주셨던 하나님 말씀과 우리에게 주시는 말씀 사이에 연관성이 대번 보인다. 교회로서 우리의 책임은 지난 2천년간 우리 자신을 성결케 하여 그리스도의 재림을 준비하는 것이었다!

'성결케 한다'는 것은 무슨 뜻인가? 요즘은 듣기 힘든 말인데, 성결케 한다는 것은 '성화한다'는 뜻이고 성화한다는 것은 '구별한다'는 뜻이다. 왕비로 간택된 여자가 좋은 예일 것이다. 그녀는 왕궁에 들어가 시녀들의 보살핌을 받는다. 시녀들의 책임은 왕을 위해 그녀를 준비시키는 것이다. 그녀는 더 이상 다른 여자들처럼 평범한 삶을 살 수 없다. 왕을 위해 성결케 되고 성화되고 구별되어야 하기 때문이다. 비록 성화 과정이 까다로울지라도 그녀가 받을 엄청난 특권에 비하면 작은 대가다. 그녀는 아무도 얻을 수 없는 왕의 내밀한 혜택을 누린다. 왕의 모든 것이 그녀의 것이 된다. 반대로 왕이 그녀에게 원하는 것은 무엇인가? 그녀가 자기 것, 온전히 자기만의 것이 되는 것이다. 이 예는 "너희는 내게 거룩할지어다 이는 나 여호와가 거룩하고 내가 또 너희로 나의 소유를 삼으려고 너희를 만민 중에서 구별하였음이니라"(레 20:26) 하신 하나님 말씀의 의미를 완벽히 보여 준다.

이스라엘이 스스로 성결케 해야 한다는 하나님의 말씀은 이런 뜻이다. "내가 너희를 애굽에서 건져 냈다. 이제 너희 속의 애굽을 떨쳐 내라. 그것이 사흘째 되는 날의 내 강림에 대한 준비가 될 것이다." 그분은 "그들로 옷을 빨게 하라"고 명하셨다. 그들의 옷에는 아직도 애굽의 때가 묻어 있었던 것이다.

오늘도 하나님은 우리에게 말씀하신다. "내가 너희를 세상에서 건져 냈다. 이제 너희 속의 세상을 떨쳐 내라! 그것이 세 번째 천년이 시작될 때의 내 강림에 대한 준비가 될 것이다." 우리는 옷을 빨아 세상의 때를 벗어야 한다. 바울의 말을 기억하라. "그런즉 사랑하는 자들아 이 약속을 가진 우리가 하나님을 두려워하는 가운데서 거룩함을 온전히 이루어 육과 영의 온갖 더러운 것에서 자신을 깨끗케 하자"(고후 7:1).

모세가 이스라엘 자손에게 물리적 옷을 빨라고 명한 것처럼 바울은 우리에게 육과 영의 옷을 빨라고 말한다. 여기서 분명히 못박아 두고 싶은 것이 있다. 우리를 씻는 것은 우리가 할 일이다. 그 일을 주님께 맡겨서는 안 된다! 바울은 "예수의 피가 너희 육과 영의 온갖 더러운 것을 제하리니 그런즉 너희는 그분의 사랑만 믿으라"고 말하지 않았다. 예수님의 피는 모든 죄와 더러운 것에서 우리를 깨끗케 할까? 두말할 나위 없이 그렇다! 그러나 성경에서 보듯이 깨끗케 하는 과정에는 우리가 할 몫이 있다.

은혜를 힘입어 자신을 깨끗케 하라

지난 100년간 교회에는 성화와 거룩함에 관하여 두 가지 극단이 있었다. 첫 번째 극단은 거룩함을 완전히 외면적 조건으로 강조했다. 여자가 화장하면 거룩하지 않았고, 무릎 위로 올라가는 치마를 입으면 정숙하지 않았다. 하지만 여자는 발목까지 오는 옷을 입고 머리를 단정히 올리고 화장하지 않고 보석을 달지 않고도 여전히 유혹의 영이 온 몸에 가득할 수 있다! 남자는 자신이 간음하거나 아내를 버린 적이 없다고 자랑하면서도 여전히 지나가는 모든 여자에게 음욕을 품을 수 있다. 그것은 거룩함이 아니다. 이 극단은 오직 육신에 치중했다. 그러나 거룩함은 육신의 일에 그치는 것이 아니다. 이 입장은 교회 내 많은 사람들을 율법주의에 빠뜨렸다.

지난 세기 후반부에 더 두드러졌던 두 번째 극단은, 세상과 분리되는 것이 우리 책임이 아니라는 신조다. 이 입장에 따르면 그리스도인들은 용서받았다는 사실 외에 세상과 다를 바가 전혀 없다. 최근 아주 유명한 한 그리스도인 예술가가 말했다. "그리스도인들도 상담자를 찾아가고, 그리스도인들도 가정 문제가 있고, 그리스도인들도 알콜 중독자가 된다. 신자들과 불신자들의 유일한 차이는 우리를 사랑하여 날마다 도우시는 창조주 하나님께 대한 우리의 단순한 믿음이다." 이런 식의 생각은 세상으로부터 자신을 깨끗하게 해야 할 우리의 책임을 저버린 교훈에서 비롯됐다. 베드로는 권고한다. "오직 너희를 부르신 거룩한 자처럼 너희도 모든 행실에 거룩한 자가 되라"(벧전 1:15).

진리는 양극단 사이에 존재한다. 거룩함이란 인간과 하나님 사이의 협력 문제다. 예수님은 우리의 거룩함이다(고전 1:30). 그러나 "하나님의 뜻은 이것이니 너희의 거룩함이라 곧 음란을 버리고 각각 거룩함과 존귀함으로 자기의 아내 취할 줄을 알고… 하나님이 우리를 부르심은 부정케 하심이 아니요 거룩케 하심"(살전 4:3-

7)이다. 예수님은 우리 성화에 필요한 은혜를 주신다. 그러나 우리도 그 은혜에 힘입어 자신을 깨끗하게 함으로 협력해야 한다. 이렇게 할 때 우리는 세상에 살되 세상에 속하지 않을 수 있다.

CHAPTER 3

그분의 강림을 준비하라

주님의 영광이야말로 하나님을 하나님 되게 하는 모든 것이다.
그분의 모든 성품, 권세, 능력, 지혜다.
글자 그대로 하나님의 측량할 수 없는 무게와 크기다.

이스라엘 백성과 하나님의 강림 사이에 이틀의 시간이 있었다. 그들은 준비됐을까? 그들은 준비하라는 하나님의 경고를 진지하게 들었을까? 아니면 지금껏 기적의 능력으로 수없이 자기들을 구원하셨던 하나님이시니, 이번 강림도 다를 바 없으리라고 생각했을까? 그 이상 무엇이 더 있을 수 있겠는가? 게다가 이전의 나타나심은 모두 우호적인 것이었다. 이번 강림이라고 다를 이유가 없지 않은가? 시간이 말해 줄 것이다. 자신들이 거룩한 그분께 너무 자만해졌거나 뻔뻔해졌을 수도 있다고 생각한 사람이 모세 외에 과연 있었을까?

이틀이 지났다. 사흘째 먼동이 트려 하고 있었다. 주위는 유난히 적막하게 느껴졌다. 오싹한 정적은 어딘지 사람을 혼곤케 했다. 백성은 점점 불안해졌다. 세상 속에 들어오시려는 하나님을 그분의 친백성보다 먼저 알아본 것은 피조 세계였다. 먼동이 트고 있었으나 평소의 일출은 아니었다. 돌연 난데없이 빽빽한 구름이 내려왔다. 그 광경만으로도 무서운데 심히 큰 나팔 소리까지 들렸다. 소리는 점점 커졌다! 저렇게 센 소리가 어디서 나온단 말인가?

산에 구름이 덮이자 거기서 큰 번개와 요란한 천둥이 쳤다. 계속되는 우레는 백성이 여태껏 들어 본 어떤 것과도 달랐다. 천둥에 이어진 번개는 너무 환해 그 밝음에 햇빛이 어두워질 정도였다. 이스라엘 자손은 두려워 떨었다. "그 보이는 바가 이렇듯이 무섭기로 모세도 이르되 내가 심히 두렵고 떨린다 하였으나"(히 12:21).

두려움에도 불구하고 모세는 지도자 역할을 감당했다.

모세가 하나님을 맞으려고 백성을 거느리고 진에서 나오매 그들이 산기슭에 섰더니 시내 산에 연기가 자욱하니 여호와께서 불 가운데서 거기 강림하심이라. 그 연기가 옹기점 연기같이 떠오르고 온 산이 크게 진동하며 나팔 소리가 점점 커질 때에 모세가 말한즉 하나님이 음성으로 대답하시더라(출 19:17-19).

영원부터 영원까지 계시는 분

그 산에 내려오신 분은 우주를 설계하여 창조하신 분이다. 손가락으로 별들을 제 곳에 다신 분이다. 지식과 지혜로 땅의 기초를 놓으신 분이다. 영원부터 영원까지 계시는 분이다!

내가 수년간 고민해 온 문제가 있다. 우리는 우리가 섬기는 분의 엄위하심을 잊어버렸다는 것이다. 이사야는 하나님의 크신 위엄을 자주 말한다. 선지자는 묻는다.

너희가 알지 못하였느냐?
너희가 듣지 못하였느냐?
태초부터 너희에게 전하지 아니하였느냐?

이사야는 이스라엘이 하나님의 경이를 잊어버린 까닭이 이해가 안된다. 그는 선포한다.

그는 땅 위 궁창에 앉으시나니 땅의 거민들은 메뚜기 같으니라. 그가 하늘을 차일같이 펴셨으며 거할 천막같이 베푸셨고… 거룩하신 자가 가라사대 "그런즉 너희가 나를 누구에게 비기며 나로 그와 동등이 되게 하겠느냐?" 하시느니라. 너희는 눈을 높이 들어 누가 이 모든 것을 창조하였나 보라. 주께서는 수효대로 만상을 이끌어 내시고 각각 그 이름을 부르시나니 그의 권세가 크고 그의 능력이 강하므로 하나도 빠짐이 없느니라(사 40:21-26).

하나님은 우주를 차일같이 펴 손으로 하늘을 지으셨다. 또 그분은 뼘으로 우주를 재실 수 있다!(사 40:12) 생각해 보라. 엄지손가락과 새끼손가락 사이로 그분은 우주의 넓이와 길이와 깊이를 재셨다!

우주의 크기를 생각해 본 적이 있는가? 당신의 사고 능력 이상이다. 광대무변한 우주를 손톱만큼이라도 느낄 수 있다면 그분의 영광을 조금이나마 엿볼 수 있으리라. 과학자들의 추산에 따르면 우주에는 수십억의 은하계가 있고 각 은하계마다 수십억의 별이 있다. 은하계의 크기는 은하계와 은하계간에 존재하는 공간에 비하면 아주 작다.

태양은 그 은하계들 중 하나에 있다. 우리가 밤에 올려다보는 하늘은 우주의 전체 모습이 아니라 우리가 살고 있는 작은 은하계일 뿐이다. 그것도 일부에 지나지 않는다. 우리 작은 은하계 안의 별들은 대부분 너무 멀어 육안으로 보이지 않기 때문이다.

그러니 우리가 살고 있는 은하계부터 시작해 보자. 태양 외에 지구와 가장 가까운 별은 4.3 광년 거리에 있다. 광년이란 무엇인가? 빛이 1년간 이동하는 거리다. 빛은 1초에 약 30만km의 속도로 이동한다. 이 속도는 1시간에 대략 10억km에 해당한다. 그것을 시속 800km 정도로 운행하는 비행기의 속도와 비교해 보라. 빛이 얼마나 빠른지 가늠이 되는가?

얼마나 빠른지 보기 위해, 점보 제트기로 태양에 간다고 해 보자. 아시아는 내가 살고 있는 곳에서 정 반대편에 있는데, 내가 아시아에 갈 때 걸리는 시간은 약 23시간이다. 같은 비행기로 중간에 쉬지 않고 태양에 간다면 대략 21년이 걸릴 것이다! 21년이 얼마나 오래 전이었는지 생각해 보라. 그 세월을 떠올려 보라. 오로지 태양에 가기 위해 그 세월을 비행기 안에서 보낸다면… 운전을 좋아하는 사람들이라면 주유나 휴식 시간만 빼고도 200년은 걸릴 것이다. 태양 빛이 지구까지 오는 데는 얼마나 걸릴까? 8분 20초밖에 안 걸린다.

태양은 접어 두고 이번에는 가장 가까운 별(프록시마)을 생각해 보자. 그 별과 지구의 거리가 4.3 광년인 것은 이미 말했다. 지구와 태양과 그 별을 축소 모형으로 만들되 지구를 후추 열매만하게 만든다면 태양은 지름 20cm의 공 크기일 것이다. 이 축도에 따르면 지구와 태양의 거리는 24m쯤 된다. 그러나 축소 비행기가 그 24m를 가로지르는 데 걸리는 시간은 21년이 넘는다.

지구와 태양의 축도가 그렇다면, 가장 가까운 별과 후추 열매만한 지구와의 거리는 얼마나 될까? 1km, 2km, 3km? 턱도 없다. 6,500km나 떨어져 있다! 그러니까 후추 열매만한 지구를 플로리다 마이애미에 놓는다면 태양은 24m 거리에 위치하고, 가장 가까운 별은 워싱턴 주 시애틀을 지나 태평양 바다로 1,600km나 더 들어간 지점이 된다! 이 별에 비행기로 가려면 논스톱으로 대략 510억 년이 걸린다! 그러나 그 별빛이 지구에 오는 데는 4.3년이면 된다!

밤에 육안으로 보이는 별들은 대부분 100-1,000광년 거리에 있는 것들이다. 간혹 4,000광년 거리의 몇몇 별들도 육안에 띨 수 있다(그 별들이 우리 작은 은하계의 가장 먼 별들이 아님을 잊지 말라). 비행기로 그런 별에 가는 데 걸리는 시간은 굳이 계산하고 싶지 않다. 다만 4,000광년 거리의 별이 우리 눈에 보인다면, 그 빛은 아브라함과 사라가 결혼할 때쯤 그곳을 떠나 한번도 늦추거나 멈추지 않고 시속 10억 km로 계속 달려와 지금 막 지구에 도달한 빛이다!

우리가 속한 작은 은하계 안에 있는 별들이 그 정도다. 수십억의 다른 은하계는 감히 건드리지도 못했다. 또 은하계와 은하계 사이에 광대무변한 공간이 있음을 잊지 말라. 일례로 아주 가까운 은하수로 안드로메다가 있는데, 지구와의 거리가 대략 230만 광년쯤 된다. 생각해 보라. 그 은하계의 빛이 지구에 오려면 시속 10억 km의 속도로 200만 년 이상을 달려야 한다! 우리와 가장 가까운 은하계가 이러한데, 이보다 멀리 있는 다른 은하계가 수십억이나 된다. 이 정도면 우리의 이해 능력을 초월하고도 남지 않은가?

이사야는 하나님이 이 광대한 우주를 엄지와 새끼손가락으로 재셨다고 선포한다! 솔로몬은 성령으로 이렇게 고백한다. "하나님이 참으로 땅에 거하시리이까 하늘과 하늘들의 하늘이라도 주를 용납지 못하겠거든…"(왕상 8:27). 그날 그 산에 내려오신 분이 누구인지 조금 알 것 같은가?

능력으로 만물을 붙드시는 분

하나님께 작은 일은 그밖에도 얼마든지 많다. 이사야는 그분이 산들과 작은 산들을 저울로 달아 보셨다고 말한다. 그분은 태양과 바다와 호수와 강과 연못의 모든 물을 그 손바닥으로 헤아리셨다. 그분은 바다를 명하여 경계를 넘지 못하게 하신 분이다(사 40:12).

바다의 위력을 생각해 본 적 있는가? 캘리포니아 로스앤젤레스에서 수백 km 지점의 태평양에 너비 1.6km의 운석이 떨어진다면,

샌디에고부터 알래스카 앵커리지에 이르는 북미주 서해안 전역의 모든 사람을 죽이고 모든 구조물을 쓸어 버릴 만큼 큰 파도가 일어날 것이다! 대양을 가로질러 아시아의 몇 나라도 쓸어 버릴 것이다. 태평양 깊이만큼도 높지 않은 파도의 힘이 그 정도다. 그러니 바닷물 전체가 인류를 덮친다면 어떻게 되겠는가? 세상의 바다에는 엄청난 힘이 있다. 그러나 하나님은 그 물을 마지막 한 방울까지 손바닥으로 헤아리셨다!

이렇듯 그분의 기사가 거대하고 어마어마하지만, 작고 세세한 일들도 기이하기는 마찬가지다. 과학자들은 오랜 세월 엄청난 돈과 노력을 들여 자연 세계의 원리를 연구해 왔다. 그러나 하나님의 피조 세계에 담겨 있는 지혜 중 그들이 발견한 것은 아직도 미미하다. 수많은 의문이 여전히 대답 없이 남아 있다.

모든 형태의 피조 생물은 세포를 기초로 한다. 세포란 인체, 식물, 동물, 기타 모든 생명체의 기초 구성물이다. 그 자체로 오묘한 신비인 인체에는 대략 100,000,000,000,000개 - 숫자의 감이 오는가? - 의 세포가 있으며, 사람마다 다를 수 있다. 하나님은 각 세포에 특정 임무를 지정하셨다. 세포는 자라서 번식하고 결국 죽는데, 그 과정이 정해진 스케줄대로 척척 진행된다.

세포는 육안으로 보이지 않지만 그렇다고 인간에게 알려진 최소 입자는 아니다. 세포는 더 작은 단위인 수많은 분자로 구성되며, 분자는 그보다 더 작은 단위인 원소로 구성된다. 세포에는 또 그보다 더 작은 단위인 원자도 들어 있다.

원자는 이 문장 끝의 마침표 속에 수십억 개가 들어갈 정도로 작다. 원자는 거의 전체가 빈 공간으로 돼 있고, 나머지 부분은 양자와 중성자와 전자로 구성된다. 양자와 중성자는 원자 중심부의 미세한 고밀도 핵 안에 한데 뭉쳐 있다. 전자라고 하는 작은 에너지 덩어리가 이 핵 둘레를 광속으로 회전한다. 이 핵심 기초 구성물이 만물을 지탱하고 있다.

그렇다면 원자의 에너지는 어디서 오는가? 또 그 에너지 입자들을 하나로 붙들어 주는 힘은 무엇인가? 과학자들은 그것을 원자 에너지라 부른다. 자신들이 설명할 수 없는 현상에 그런 과학 용어를 붙인 것이다. 하나님은 "그 능력의 말씀으로 만물을 붙드시"(히 1:3)는 분이다. 성경은 "만물이 그 안에 함께 섰느니라"(골 1:17)고 말한다.

잠깐 멈추고 생각해 보라. 우리에겐 영광의 창조주가 계신데, 그분은 우주도 그 아래 두고 손가락으로 헤아리시는 분이다. 또 이 지구와 피조물들에 대한 설계가 어찌나 세세한지 현대 과학의 오랜 연구로도 풀지 못할 정도다. 물론 그분이 지으신 피조 세계의 경이와 지혜에 대해 수많은 얘기를 할 수 있겠으나 지금 말하고자 하는 바는 그게 아니다. 나는 그분이 만드신 작품에 대한 경탄과 경이를 일깨우고자 하는 것이다. 그 작품이 그분의 놀라운 영광을 선포하기 때문이다!

그분의 은혜가 절대적으로 필요하다

이제 욥의 심정이 좀 더 이해가 될 것이다. 욥이 하나님께 어리석은 질문과 변론을 쏟아놓자 하나님은 폭풍 가운데 그에게 오셔서 말씀하셨다.

무지한 말로 이치를 어둡게 하는 자가 누구냐? 너는 대장부처럼 허리를 묶고 내가 네게 묻는 것을 대답할지니라.

내가 땅의 기초를 놓을 때에 네가 어디 있었느냐? 네가 깨달아 알았거든 말할지니라. 누가 그 도량을 정하였었는지, 누가 그 준승을 그 위에 띄웠었는지 네가 아느냐? 그 주초는 무엇 위에 세웠으며 그 모퉁이 돌은 누가 놓았었느냐?…

바닷물이 태에서 나옴같이 넘쳐흐를 때에 문으로 그것을 막은 자가 누구냐? 그때에 내가 구름으로 그 의복을 만들고 흑암으로 그 강보를 만들고 계한을 정하여 문과 빗장을 베풀고 이르기를 "네가 여기까지 오고 넘어가지 못하리니 네 교만한 물결이 여기 그칠지니라!" 하였었노라.

네가 나던 날부터 아침을 명하였었느냐? 새벽으로 그 처소를 알게 하여 그것으로 땅 끝에 비취게 하고 악인을 그 가운데서 구축한 일이 있었느냐?…

사망의 문이 네게 나타났었느냐? 사망의 그늘진 문을 네가 보았었느냐? 땅의 넓이를 네가 측량하였었느냐? 다 알거든 말할지니라!

광명의 처소는 어느 길로 가며 흑암의 처소는 어디냐? 네가 능히 그 지경으로 인도할 수 있느냐? 그 집의 길을 아느냐?…

네가 눈 곳간에 들어갔었느냐? 우박 창고를 보았느냐? 내가 환난 때와 전쟁과 격투의 날을 위하여 이것을 저축하였노라. 광명이 어느 길로 말미암아 뻗치며 동풍이 어느 길로 말미암아 땅에 흩어지느냐?

누가 폭우를 위하여 길을 내었으며 우레의 번개 길을 내었으며 사람 없는 땅에, 사람 없는 광야에 비를 내리고…

네가 묘성을 매어 떨기 되게 하겠느냐? 삼성의 띠를 풀겠느냐? 네가 열두 궁성을 때를 따라 이끌어 내겠느냐? 북두성과 그 속한 별들을 인도하겠느냐? 네가 하늘의 법도를 아느냐? 하늘로 그 권능을 땅에 베풀게 하겠느냐?

네 소리를 구름에 올려 큰물로 네게 덮이게 하겠느냐? 네가 번개를 보내어 가게… 하겠느냐?(욥 38:2-35)

하나님이 말씀을 마치시자 압도된 욥은 이렇게 고백했다.

내가 주께 대하여 귀로 듣기만 하였삽더니 이제는 눈으로 주를 뵈옵나이다. 그러므로 내가 스스로 한하고 티끌과 재 가운데서 회개하나이다(욥 42:5-6).

욥이 시련을 당하기 전 하나님은 온 지면에 욥 같은 사람이 없다고 하셨다. 여호와는 욥이 순전하고 정직하여 하나님을 경외하고 악에서 떠난 자라고 선포하셨다. 욥은 하나님의 말씀을 들었을 뿐 아니라 자기 가족과 친구들에게 그대로 가르쳤었다. 그러나 하나님을 뵙고 난 그는 긍휼을 구했다. 거룩하신 하나님 앞에서 그는 기껏해야 파멸의 인간이었던 것이다.

이사야는 신실하고 경건한 자였으나 환상 중에 여호와를 뵙고는 이렇게 탄식했다. "화로다 나여 망하게 되었도다 나는 입술이 부정한 사람이요"(사 6:5). 하나님의 영광은 우리에게 그분의 은혜가 절대적으로 필요함을 보여 준다. 은혜가 없이는 우리는 영원히 망할 수밖에 없기 때문이다. 그분은 우리가 상상할 수 있는 차원보다 훨씬 크시다. 얼마나 크신지, 세세토록 그분의 보좌 옆에 있는 천사들조차 거룩한 두려움 가운데 지금도 "거룩하다, 거룩하다, 거룩하다!"고 외치고 있다. 온 이스라엘 앞에서 영광으로 산 위에 강림하신 분이 바로 그분이시다.

주님의 영광은 모든 빛을 삼키는 완전한 빛

이제 여호와의 영광이 무엇인지에 초점을 맞춰 보자. 교회 일각에서는 하나님의 영광을 안개나 구름이나 기타 유사한 현상으로 묘사해 왔다. 신자들은 "오, 하나님의 영광이 그 집회에 임했다"고 표현하기도 한다. 그러나 그 표현은 무지한 것으로 그분의 이치를 제한하고 어둡게 한다(욥 38:2).

첫째, 하나님의 영광은 구름이 아니다. 당신은 "그럼 왜 성경에 하나님의 영광이 나타날 때마다 거의 매번 구름이 언급되는가?" 물을 수 있다. 하나님은 너무 눈부셔 우리 눈으로 볼 수 없는 분이기에 구름 속에 숨으셔야만 한다. 구름이 그분의 얼굴을 가리지 않는다면 주변 모든 육체는 불타 즉사한다. 모세가 하나님의 영광을 보여 달라고 했을 때 여호와의 대답은 확고했다. "네가 내 얼굴을 보지 못하리니 나를 보고 살 자가 없음이니라"(출 33:20).

유한한 육체는 거룩한 주님의 영광 앞에 설 수 없다. 그분은 모든 것을 태우는 불이시며 어두움이 없으시다(히 12:29, 요일 1:5). 바울은 예수님에 대해 이렇게 썼다. "복되시고 홀로 한 분이신 능하신 자이며 만왕의 왕이시며 만주의 주시요 오직 그에게만 죽지 아니함이 있고 가까이 가지 못할 빛에 거하시고 아무 사람도 보지 못하였고 또 볼 수 없는 자시니"(딤전 6:15-16). 이 빛은 이 땅에 있는 어떤 빛과도 다르다.

내 친구 중에 앨라배마에서 목회하고 있는 이가 있다. 수년 전 그는 교회 건축 현장에서 무거운 건축 자재에 깔리는 사고를 당했다. 두개골과 목, 등뼈가 부러졌고 달려온 의료진은 사망 판정을 내렸다. 그의 몸은 흰 천으로 덮였었다….

두어 해 전, 나는 그와 골프를 치면서 그때 예수님 만난 경험을 들려달라고 했다. 결국 나는 그의 시합을 망쳐 놓고 말았다. 그가 14번 홀에서 18번 홀까지 가는 동안 그 얘기를 하면서 쉬지 않고 울었던 것이다. 그는 말했다. "존, 멀리서 찬란한 빛이 보였네. 나는 빠른 속도로 빛 쪽으로 다가갔지. 가까이 갈수록 빛은 더 강렬해졌네. 무엇에도 비할 수 없을 만큼 희고 밝은 빛이었어. 어찌나 눈부신지 겨우 몸을 가누며 그분을 뵈었네. 빛이 강렬해 예수님의 얼굴 모습은 볼 수 없었지만 그분인지는 알았지."

"보이는 거라곤 감히 가까이 가지 못할 찬란한 빛뿐이었네. 무엇보다 두드러진 것은 그분의 거룩함이었지. 불이 그것을 밝혀 주는 듯했네. 내 몸의 세포 하나하나가 그분께 노출돼 있음을 나는 느꼈네. 그 존재의 빛이 나를 깨끗하게 하고 있는 듯한 기분이었어. 빛이 나를 깨끗하게 하면서 비로소 그분의 모습이 보이기 시작했네. 제일 먼저 그분의 눈이 보였지. 꿰뚫어 보는 강한 눈빛이면서도 사랑이 충만했네."

예수님은, 이 땅에서 그의 할 일이 아직 끝나지 않았으므로 다시 돌아가야 한다고 그에게 말씀하셨다. 그는 이미 의료진의 사망 판정을 받고 천에 덮여 있는 상태였다. 그가 다시 몸으로 돌아와 천 밑에서 꿈지럭거리기 시작하자 그곳에 있던 사람들은 모두 기겁했다. 현재 그는 깊고 강한 기도의 사람으로 아주 경건한 삶을 살고 있다.

바울은 예수님이 가까이 가지 못할 빛에 거하시며 누구도 그분을 보지 못하였고 또 볼 수 없다고 말한다(내 친구 목사는 육체 안에 있지 않았기에 주님을 뵐 수 있었다). 시편 기자는 주님이 옷을 입음같이 빛을 입으신다고 선포한다(시 104:2). 바울도 다메섹 도상에서 가까이 가지 못할 이 빛을 체험했다. 그는 그 일을 아그립바 왕에게 이렇게 얘기했다. "왕이여 때가 정오나 되어 길에서 보니 하늘로서 해보다 더 밝은 빛이 나와 내 동행들을 둘러 비추는지라"(행 26:13).

바울은 예수님의 얼굴을 보지 못했다. 그분에게서 나오는 빛을 보았을 뿐이다. 그 빛은 중동 지방의 정오 때 비치는 밝은 햇빛을 무색하게 했다. 나는 '햇빛의 주'라는 별칭이 붙은 플로리다에서 12년간 살았지만, 거기서는 선글라스를 쓸 필요가 없었다. 그러나 내가 중동에 갔을 때는 선글라스를 써야만 했다. 건조한 사막 기후인 만큼 햇빛이 훨씬 밝았다. 아침 8-9시에는 그런 대로 괜찮았지만 11시부터 2시까지는 햇빛이 너무나 강했다. 그런데 바울은 예수님의 빛이 그보다 더 밝다고 말했다! 우리는 아이들에게 햇빛을 보지 말라고 가르친다. 너무 밝아 눈이 상하기 때문이다. 그냥 당신이 지금 있는 곳에서 한낮의 햇빛을 쳐다본다고 생각해 보라. 구름에 가려 있지 않는 한 보기 어렵다. 주님의 영광은 이 밝음을 몇 배나 능가한다.

요엘과 이사야 두 선지자 모두 말세에 주님의 영광이 나타나면 해가 어두워진다고 했다.

> 여호와의 날 곧… 날이 임하여… 하늘의 별들과 별 떨기가 그 빛을 내지 아니하며 해가 돋아도 어두우며 달이 그 빛을 비취지 아니할 것이로다(사 13:9-10).

청명한 밤에 밖으로 나가면 우리 눈에 무엇이 보이는가? 사방의 별들이다. 그러나 아침에 해가 뜨면 어떻게 되는가? 별들은 간 곳 없다! 해가 기울어 하늘에서 다시 사라질 때까지 별들이 달아나는 것인가? 아니다. 별의 빛도 있지만 해의 빛은 훨씬 차원이 높다. 해가 별보다 훨씬 밝기 때문에 해가 나오면 별이 어두워진다. 예수님의 영광이 해보다 훨씬 밝기 때문에 그분이 오시면 해가 어두워진다. 해는 여전히 타오르고 있건만 볼래야 보이지 않는다! 할렐루야!

주님의 영광이 다른 모든 빛을 덮을 것이다. 그분은 모든 것을 삼키는 완전한 빛이다. 그래서 그분이 다시 오실 때 이 땅 사람들은 "암혈과 토굴로 들어가서 여호와께서 일어나사 땅을 진동시키시는 그의 위엄과 그 광대하심의 영광을 피할 것"(사 2:19)이다.

힘있는 해처럼 빛나는 그분의 얼굴

주님의 영광은 무엇인가? 답을 찾기 위해, 하나님의 영광을 보여 달라고 한 모세의 요청을 살펴보자. "모세가 가로되 원컨대 주의 영광을 내게 보이소서"(출 33:18).

'영광'은 히브리어로 가봇(kabowd)이다. 스트롱(Strong) 성경 사전은 이 단어를 "비유적 의미의 무게"로 정의한다. 이 정의에는 위엄, 풍요, 영예에 대한 뜻도 들어 있다. 모세는 "모든 위엄 중에 계신 주님 자신을 내게 보이소서"라고 구한 셈이다. 하나님의 반응을 주의 깊게 읽어 보라. "내가 나의 모든 선한 형상을 네 앞으로 지나게 하고 여호와의 이름을 네 앞에 반포하리라"(출 33:19). 모세가 하나님의 모든 영광을 구하자 하나님은 그것을 "나의 모든 선"으로 지칭하셨다. '선'은 히브리어로 투브(tuwb)인데 "가장 넓은 의미의 선"이라는 뜻이다. 다시 말해 감춰진 것이 하나도 없는 선이다.

하나님은 또 "여호와의 이름을 네 앞에 반포하리라"고 덧붙이셨다. 대개 한 나라의 왕이 접견실에 들어갈 때면 전령이 미리 왕의 이름을 알린다. 그리고 나팔 소리가 울리면 왕은 모든 위엄 중에 등장한다. 왕의 위대함이 드러나는 순간이다. 누가 왕인지 궁내에는 오해의 소지가 전혀 없다. 그러나 이 군주가 미복 차림으로 수행원 없이 마을이나 거리를 걸어다니면, 백성은 그의 정체를 알아보지 못하고 그냥 지나칠 것이다. 왕의 등장을 미리 알리는 것, 바로 이것이 하나님이 모세에게 해 주신 일이다. 그분은 말씀하셨다. "내가 내 이름을 선포하고 모든 위엄 중에 네 곁을 지나가겠다."

주님의 영광은 예수 그리스도의 얼굴에 계시된다(고후 4:6). 예수님의 환상을 보거나 그분의 얼굴을 보았다고 주장한 이들이 많다. 충분히 가능한 일이나 그분의 충만한 영광은 아니다. 바울은 "우리가 이제는 거울로 보는 것같이 희미하나 그때에는 얼굴과 얼굴을 대하여 볼 것이요"(고전 13:12)라고 말했다. 그분의 영광은 희미한 거울에 가려져 있다. 그분의 충만한 영광을 보고 살 자가 아무도 없기 때문이다.

제자들은 예수님이 죽은 자 가운데서 부활하신 후 그분의 얼굴을 보았다. 그러나 그분은 자기 영광을 드러내 보이시지 않았다. 구약성경에도 주님을 본 사람들이 있으나 그분의 영광이 드러난 것은 아니다. 주님은 마므레 상수리 수풀 근처에서 아브라함에게 나타나셨으나 영광의 모습은 아니었다(창 18:1-2). 야곱은 하나님과 씨름했지만 역시 그분의 영광의 모습은 아니었다(창 32:24-30).

여호수아는 여리고를 치기 전 주님의 얼굴을 보았다(수 5:13-15). 주님은 무장한 한 사람으로 그에게 나타나셨다. 여호수아는 그분이 누구인지 몰라 "너는 우리를 위하느냐 우리의 대적을 위하느냐?"고 물었다. 주님은 자신이 여호와의 군대장관이라고 답하신 뒤 여호수아에게 그가 선 곳이 거룩하니 신을 벗으라고 명하셨다. 영광을 거두고 미복 차림으로 나라를 순행하는 왕의 모습을 떠올려 보라. 사람들은 그의 정체를 알아보지 못하고 그냥 지나칠 수 있다. 여호수아에게 일어난 일이 바로 그것이었다.

부활 후에도 똑같다. 막달라 마리아는 예수님이 말을 거신 첫 사람이었지만 그녀는 그분이 동산지기인 줄 알았다(요 20:15-16). 제자들은 해변에서 예수님과 함께 생선 조반을 먹었다(요 21:9-13). 두 제자는 엠마오 길을 예수님과 동행했으나 "눈이 가리워져" 있었다(눅 24:16). 이들 모두가 그분의 얼굴을 본 것은 그분이 자기 영광을 드러내 보이시지 않았기 때문이다.

이와 대조적으로 사도 요한은 늘그막에 성령 안에서 주님을 보았고, 해변에서 함께 조반을 먹을 때와는 완전히 다른 만남을 경험했다. 요한은 영광 중에 계신 그분을 보았던 것이다. 그는 예수님의 모습을 이렇게 묘사했다.

> 인자 같은 이가 발에 끌리는 옷을 입고 가슴에 금띠를 띠고 그 머리와 털의 희기가 흰 양털 같고 눈 같으며 그의 눈은 불꽃 같고 그의 발은 풀무에 단련한 빛난 주석 같고 그의 음성은 많은 물소리와 같으며… 그 얼굴은 해가 힘있게 비취는 것 같더라. 내가 볼 때에 그 발 앞에 엎드러져 죽은 자같이 되매(계 1:13-17).

그분의 얼굴은 해가 힘있게 비취는 것 같다. 요한은 어떻게 그분을 뵐 수 있었을까? 그는 성령 안에 있었다. 주님의 영광이야말로 하나님을 하나님 되게 하는 모든 것이다. 그것은 그분의 모든 성품, 권세, 능력, 지혜다. 글자 그대로 측량할 수 없는 하나님의 무게와 크기다. 감추이거나 남겨진 것이 하나도 없다! 제삼일에 산 위에 강림하신 분이 바로 그분이시다.

이스라엘은 준비돼 있었을까? 그 백성은 그분의 영광에 어떻게 반응했는가? 두 번째 천년이 끝날 때 우리는 준비돼 있을까? 다가오는 그분의 영광에 우리는 어떻게 반응할 것인가?

CHAPTER 4

경외함으로 가까이 가라

하나님은 그분을 친밀하게 알도록 우리를 그분의 산으로 부르신다.
그 산으로 가는 길은 하나님을 경외하는 마음에서 비롯된 거룩함이다.

이스라엘 자손 중 다수는 필시 자기들이 사흘째 아침을 맞을 준비가 돼 있는 줄 알았을 것이다. 그들은 하나님의 구원의 능력이 자기들을 위해 역사하는 것을 숱하게 보았다. 그러나 그분의 드러난 영광을 본 적은 없었다. 과연 그들이 이전과 똑같은 반응으로 대할 수 있었을까?

뭇 백성이 우레와 번개와 나팔 소리와 산의 연기를 본지라. 그들이 볼 때에 떨며 멀리 서서 모세에게 이르되 "당신이 우리에게 말씀하소서. 우리가 들으리이다. 하나님이 우리에게 말씀하시지 말게 하소서. 우리가 죽을까 하나이다"(출 20:18-19).

백성은 떨며 물러났다. 한 세대가 목격할 수 있는 최고의 기적들을 본 이스라엘 자손이었지만, 그들은 하나님 음성을 직접 들으려 하지 않았다. 당신은, 바다는 고사하고 호수라도 갈라놓을 수 있는 설교자를 몇이나 알고 있는가? 기도로 300만 명이 먹을 빵을 날마다 하늘에서 내리게 하는 사역자가 있는가? 전문가들의 계산에 따르면 광야에 매일 내린 만나의 양은 각각 110량이 달린 화물열차 두 대에 해당된다!

영광의 빛 앞에서는 죄를 숨길 수 없다

그 백성은 우리 현대 교회와 크게 다르지 않았다. 구원? 그것은 그들이 애굽에서 나온 것이다. 그것은 중생 체험의 모형이다. 자유? 그것은 그들이 압제자들로부터 해방된 것이다. "그가 우리를 흑암의 권세에서 건져내사 그의 사랑의 아들의 나라로 옮기"(골 1:13)신 것과 같은 의미다. 기적? 그들은 출애굽 과정에서 기적의 혜택을 누렸다. 오늘 많은 교인들도 그렇다.

형통은 어떤가? 그들은 하나님이 의인을 위해 쌓아 두신 죄인의 부를 누렸다. "그들을 인도하여 은금을 가지고 나오게 하시니"(시 105:37). 치유는 어떤가? 성경은 "그 지파 중에 약한 자가 하나도 없었도다"(시 105:37)라고 말한다. 모세는 300만의 튼튼하고 건강한 백성을 데리고 애굽을 떠났다. 인구 300만인 도시에 환자나 병원에 입원한 자가 하나도 없는 상태를 상상할 수 있는가? 이스라엘 백성은 400년간 고생했었다. 유월절 양을 먹을 때 일어난 치유와 기적들을 상상해 보라!

그들은 하나님의 구원, 치유, 기적, 해방의 능력에 금시초문인 이들이 아니었다. 하나님이 자기들에게 기적으로 역사하실 때마다 그들은 감격하고 기뻐했다. 그들은 오늘의 일부 교인들과 똑같이 춤추며 하나님을 찬양했다(출 15:1, 20).

그렇다면 여기 흥미로운 사실이 있다. 그들은 하나님이 기적을 보이실 때는 기적의 혜택 때문에 가까이 갔으나 그분의 영광이 드러나자 무서워 뒤로 물러났다. 기적 앞에서는 그토록 편하게 행동하고 흥분하던 백성이, 그분의 영광 앞에서는 뒤로 물러나고 싶을 만큼 불편했을까? 그들은 기적이 일어난 상황에서는 죄를 감출 수 있었다.

많은 무리가 예수님께 말할 것이다. "주여, 주여. 우리가 주의 이름으로 선지자 노릇 하며 주의 이름으로 귀신을 쫓아내며 주의 이름으로 많은 권능을 행치 아니하였나이까?" 이에 대한 예수님의 대답을 보라. "내가 저희에게 밝히 말하되 내가 너희를 도무지 알지 못하니 불법을 행하는 자들아 내게서 떠나가라 하리라"(마 7:22-23).

이 무리는 하나님의 이적과 기사에 익숙했고, 그런 것을 직접 행한 자들도 있다. 그러나 시종 그들은 삶 속에 죄를 감추었다. 하지만 하나님의 영광 앞에서 죄를 감출 수 있는 자는 아무도 없다. 그분의 빛이 모든 것을 드러내기 때문이다.

예수님은 우리에게 말씀하신다.

내가 내 친구 너희에게 말하노니 몸을 죽이고 그 후에는 능히 더 못하는 자들을 두려워하지 말라. 마땅히 두려워할 자를 내가 너희에게 보이리니 곧 죽인 후에 또한 지옥에 던져 넣는 권세 있는 그를 두려워하라. 내가 참으로 너희에게 이르노니 그를 두려워하라(눅 12:4-5).

예수님이 이렇게 말씀하시는 까닭은 무엇인가? 답은 하나님을 두려워하라는 그분의 권고 바로 앞 구절에 나온다. "감추인 것이 드러나지 않을 것이 없고 숨은 것이 알려지지 않을 것이 없나니 이러므로 너희가 어두운 데서 말한 모든 것이 광명한 데서 들리고"(눅 12:2-3).

기적 주변에서는 죄를 들키지 않고 살 수 있다. 그러나 그분의 영광의 빛 안에서는 죄를 숨길 수 없다! 아담과 하와는 불순종한 후 여호와의 영광을 피해 숨었다. 그들은 날이 서늘할 때면 그분과 함께 걸었던 이들이다(창 2-3장). 예수님은 "악을 행하는 자마다 빛을 미워하여 빛으로 오지 아니하나니 이는 그 행위가 드러날까 함이요"(요 3:20)라고 설명하신다. 모세는 백성에게 일렀다. "두려워 말라 하나님이 강림하심은 너희를 시험하고 너희로 경외하여 범죄치 않게 하려 하심이니라 백성은 멀리 섰고 모세는 하나님의 계신 암흑으로 가까이 가니라"(출 20:20-21).

당신은 '모세가 빛이 아니라 암흑 가까이로 갔다'고 생각할지 모른다. 잊지 말라. 하나님은 너무 밝아 암흑 같은 구름 속에 숨으셔야만 한다. 모세는 하나님의 빛에 가까이 갔건만 백성은 거기서 물러났다. 신명기 기사에 그들의 반응이 부연돼 있다. "우리 하나님 여호와께서 그 영광과 위엄을 우리에게 보이시매 불 가운데서 나오는 음성을 우리가 들었고"(신 5:24). 구름이 빽빽하고 어둡지 않았다면 어떻게 되었을지 상상이 되는가? 빽빽한 암흑 속에 계신데도 삼키는 불로 표현될 정도로 그분의 모습은 장엄했다!

모세는 얼른 "두려워 말라"고 백성을 다독이며, 참 생명의 근원이신 하나님의 임재 안으로 다시 한번 불렀다. 그는 하나님이 오심은 그들을 시험하기 위해서라고 말했다. 하나님은 왜 우리를 시험하실까? 우리 내면을 아시고자? 아니다. 그분은 이미 아신다. 그분이 우리를 시험하심은 우리로 우리 마음속을 알도록 하시기 위함이다. 이스라엘 자녀들은 자기들이 하나님을 경외하는지 여부를 알 필요가 있었다. 하나님을 경외한다면 그들은 범죄치 않을 것이었다. 우리가 하나님에게서 물러날 때마다 그 결과로 따르는 것이 죄다.

"두려워 말라"고 말한 뒤 모세는 하나님이 "너희로 경외하게" 하시고자 오셨음을 강조했다. 그는 하나님을 무서워하는 것과 하나님을 경외하는 것을 분명히 구분했다. 모세는 하나님을 경외했지만 백성은 그들 자신을 사랑했다. 하나님을 경외한다는 것은 무엇보다 그분을 사랑하는 것이다! 그분의 말씀에 불순종하거나 타협하는 것이 내게 더 유리해 보일 때조차도 하나님께 기꺼이 순종하려는 자세다. 자기를 사랑하는 자들은 하나님을 경외할 수 없다. 우리가 하나님을 경외하지 않는다면 그분의 영광이 드러날 때 무서워하며 뒤로 물러날 수밖에 없다. 불변의 진리다. 백성은 그분의 영광에서 물러났으나 모세는 가까이 갔음을 잊지 말라.

이 사건에 대한 신명기 기록은, 먼 훗날 약속의 땅에 들어가기 전의 젊은 세대에게 준 것이다. 출애굽기에 없는 내용이 거기 나온다. 모세는 하나님의 영광이 흑암 중에 나타났을 때 있었던 일을 백성에게 일깨웠다. 그들은 모세에게 이렇게 외쳤다. "당신은 가까이 나아가서 우리 하나님 여호와의 하시는 말씀을 다 듣고 우리 하나님 여호와의 당신에게 이르시는 것을 다 우리에게 전하소서 우리가 듣고 행하겠나이다"(신 5:27).

그들은 모세가 대신 들어 주기 원했고, 자기들은 모세의 말을 듣고 하나님 말씀대로 다 하겠다고 다짐했다. 그들은 마음속에 숨긴 어둠이나 죄를 해결할 필요 없이 하나님과 상대할 수 있었다. 그러나 선한 의도가 언제나 바른 결과를 낳는 것은 아니다. 이 백성은 1,500년간 그렇게 해 봤지만 하나님의 길로 행할 능력을 얻지 못했다.

우리 중에도 그 같은 이들이 얼마나 많은가? 우리는 하나님의 산에서 물러나 다른 이들로부터 하나님 말씀을 받고 있는가? 내 마음 상태를 밝히 드러내시는 그분의 음성을 두려워하고 있는가? 그분께 너무 가까이 가면 비밀로 묻어 두고 싶은 것이 드러날까 봐 걱정하는가? 계속 비밀로 두는 한 거기에 부딪칠 필요가 없다. 우리는 아직 즐기고 있는 일을 굳이 문제삼을 마음이 없다.

가장 어두운 시간은 주님의 초청을 거부할 때

모세는 이스라엘의 반응에 실망했다. 그는 하나님의 임재를 갈급해 하지 않는 그들이 이해가 안 갔다. 그들은 어찌 이토록 어리석을 수 있는가? 어찌 이렇게 눈멀 수 있단 말인가? 살아 계신 하나님을 알현하는 일을 왜 피하려는 것인가?

모세는 해답을 바라며 여호와 앞에 그 깊은 고민을 내려놓았다. 그때 그와 하나님 사이에 있었던 일을 들어 보라. "여호와께서 너희가 내게 말할 때에 너희의 말하는 소리를 들으신지라 여호와께서 내게 이르시되 이 백성이 네게 말하는 그 말소리를 내가 들은즉 그 말이 다 옳도다"(신 5:28).

모세는 하나님의 대답에 놀랐을 것이다. '네? 저들이 옳다고요? 이들이 옳을 때도 다 있군요!' 그런 생각이 들었을 만도 하다. 모세는 마음속으로 하나님께 외쳤을 것이다. '저들은 왜 주님께서 원하시는 대로 주님의 임재 안에 들어올 수 없습니까?' 말이 채 끝나기 전 하나님이 대답하셨다. 그 말씀 속에서 우리는 그분의 슬픔을 들을 수 있다. "다만 그들이 항상 이 같은 마음을 품어 나를 경외하며 나의 모든 명령을 지켜서 그들과 그 자손이 영원히 복 받기를 원하노라"(신 5:29).

주님은 그들이 그분의 거룩한 산에 나아와 그분을 보기 원하셨다. 그분은 그들에게 자신을 계시하기 원하셨다. 그러나 그들에게는 그분의 임재 안에 거하는 데 필요한 거룩한 두려움이 없었다. 이어 모세에게 주신 대답에서 정말 그분의 슬픔을 들을 수 있다. "가서 그들에게 각기 장막으로 돌아가라 이르고"(신 5:30).

얼마나 안타깝기 짝이 없는 일인가! 이때가 그들의 가장 어두운 시간이었다. 악한 보고서로 약속의 땅에 들어갈 수 없게 되었을 때

나 금송아지를 만들었을 때를 가장 어두운 시간으로 생각하는 이들이 많다. 그러나 아니다. 이때가 그들의 가장 어두운 시간이다. 마음을 성결케 했다면 그들은 그분의 영광스런 임재 안에 들어갈 수 있었을 것이다. 그랬다면 악한 보고서로 약속의 땅을 잃은 사건도 금송아지 사건도 아예 일어나지 않았을 것이다.

오늘날도 그렇다. 남자의 가장 어두운 시간은 그가 딴 여자와 동침하거나 회사 돈을 빼돌릴 때가 아니다. 그런 일들은 세상 욕망을 버리고 왕의 방에 들어와 교제하자는 주님의 초청을 거부할 때 일어난다. 주님께 가까이 갔더라면 다른 사건은 애당초 일어나지 않았을 것이다! 청소년의 가장 어두운 시간은 술이나 마약에 취할 때도, 절도죄로 체포될 때도 아니다. 이런 일들은 하나님이 가까이 오라고 부르시건만 동료들의 인기를 얻기 위해 왕의 초청을 무시할 때 찾아온다. 겉으로는 별로 어두워 보이지 않지만, 하나님의 초청이 대수롭지 않게 여겨질 때 온 하늘은 슬퍼한다.

하나님은 이스라엘 백성에게 장막으로 돌아가라고 하셨지만 그분을 경외한 자에게는 "너는 여기 내 곁에 섰으라 내가… 네게 이르리니"(신 5:31)라고 말씀하셨다. 모세는 하나님을 경외했기에 하나님 곁에 서서 그 말씀을 들을 수 있었다. 다른 사람들도 여호와를 경외하는 마음으로 애굽의 불의에서 자신을 깨끗하게 했다면, 누구나 거기 같이 있을 수 있었다. 모세는 후에 그들에게 이렇게 말했다. "여호와께서 산 위 불 가운데서 너희와 대면하여 말씀하시매 그때에 너희가 불을 두려워하여 산에 오르지 못하므로 내가 여호와와 너희 중간에 서서 여호와의 말씀을 너희에게 전하였노라"(신 5:4-5).

그들은 하나님의 영광의 빛에 감히 자기들 마음을 드러낼 수 없다고 생각했고, 그래서 안전하게 느껴지는 곳으로 물러났다. 그들이 가까이 올 마음만 있었다면 하나님의 빛은 드러내신 뒤 반드시 고쳐 주셨을 것이다. 그러나 그들은 그 상태를 좋아했고 변화를 원치 않았다.

한발 물러나 전체 그림을 하나님의 관점에서 보자. 하나님은 표적과 기사와 기적으로 그 백성을 결국 속박에서 끌어내셨다. 성경은 하나님이 강한 손과 편 팔로 그렇게 하셨다고 말한다. 그분은 그들을 조심스레 이끌어 궁극적 목표를 위해 즉 그들을 자신께 인도하고자 준비시키셨다. 그분의 소원은 그들이 그분의 제사장이 되는 것, 그분이 그들 가운데 거하여 그들의 하나님이 되고 그들은 그 백성이 되는 것이었다. 그분은 그 소원을 그들 모두에게 알리셨다. 얼마나 놀라운 사랑의 관계를 계획하신 것인가! 그러나 하나님이 그들을 자신에게로 인도하시자 그들은 모두 달아났다!

언제나 아버지의 마음을 품고 계신 그분이, 자신을 계시하시려 그 백성을 조심스레 불렀으나 그들은 달아났다. 그때의 그분 심정을 상상할 수 있겠는가? 가슴이 미어지는 아픔이었다!

친밀함은 경외하는 자에게 있다

지금까지 그 백성이 물러난 이유를 신명기 기사를 통해 살펴보았으니 이제 하나님이 산 위에 강림하시던 장면으로 다시 돌아가자. 백성이 물러나자 하나님은 제사장직 출범을 정하셨다. 백성을 대신해 그분의 영광스런 임재 안에 들어올 자를 택하기로 하신 것이다. 그분은 아론을 택해 제사장을 삼으셨다. 일단 아론을 택하신 후 하나님은 모세에게 "가라! 너는 내려가서 아론과 함께 올라오고"(출 19:24)라고 말씀하셨다.

그러나 아론은 끝내 하나님의 임재에 가까이 가지 않았다. 대신 그는 백성과 같이 뒤로 물러났다(출 20:21). 하나님은 다시 모세에게 오셔서 말씀하셨다. "너는 아론과 나답과 아비후와 이스라엘 장로 칠십 인과 함께 여호와에게로 올라와 멀리서 경배하고 너 모세만 여호와에게 가까이 나아오고 그들은 가까이 나아오지 말며 백성은 너와 함께 올라오지 말지니라"(출 24:1-2).

하나님은 아론과 그 아들들과 이스라엘 장로들을 부르셨고 여호수아도 그중 하나였다. 하나님은 아론에게 꼭대기까지 오지 못하게 하셨다. 그는 진 위쪽, 산의 어느 한 지점까지만 갈 수 있었다. 아론은 하나님을 경외하지 않았기에 이미 한번 물러난 적이 있었다. 이제 그는 멀리서만 경배할 수 있었다. 오늘도 주님을 멀리서 예배하는 사람들이 많다. 안전하기 때문이다. 그들은 심령을 성결케 하는 일일랑 피한 채 주님을 예배하고 싶은 내적 욕구만 채운다.

모세 일행은 예배 중 이스라엘 하나님을 보았다. "그 발 아래에는 청옥을 편 듯하고 하늘같이 청명하더라"(출 24:10). 매튜 헨리(Matthew Henry)의 주석에 내가 실제로 일어났었다고 믿는 일이 잘 표현돼 있다.

그들은 이스라엘 하나님을 보았다(10절). 즉 외형은 전혀 보이지 않았지만 빛과 불 가운데서 그분 영광의 일면을 본 것이다. 그들은 이스라엘 하나님이 서신 곳을 보았다(칠십인역의 표현). 외형에 가깝지만 외형은 아니었다. 그들이 무엇을 보았든 정녕 그것은 형상이나 그림으로 표현될 수 없는 것이면서도 하나님이 정말 그들과 함께 계심을 확신시키기에 충분한 것이었다.

그들은 일면을 보았으나 그분의 영광스런 임재 안으로 들어가는 것은 허용되지 않았다. 모세만 그 임재로 가까이 불려갔는데 그 열쇠는 하나님을 경외하는 마음이었다. 하나님은 그를 청하셨다. "너는 산에 올라 내게로 와서 거기 있으라"(출 24:12).

오, 모세에게 주신 하나님의 그 초청이 나는 너무 좋다. 그곳은 하나님이 자신의 가장 깊은 생각과 길을 보여 주시는 은밀한 장소다. 그분의 보배를 얻는 곳이다. 이사야는 이렇게 선포한다.

여호와께서는 지존하시니 이는 높은 데 거하심이요… 너의 시대에 평안함이 있으며 구원과 지혜와 지식이 풍성할 것이니 여호와를 경외함이 너의 보배[의 열쇠]니라(사 33:5-6).

하나님을 아는 보배의 문은 '경외'라는 열쇠로 열린다. 성경은 "[여호와께서] 그 행위를 모세에게, 그 행사를 이스라엘 자손에게 알리셨도다"(시 103:7)고 말한다. 모세는 하나님의 길을 알았다. 산에서 배웠기 때문이다. 남은 백성은 자기 삶 속에서 경험한 기적으로만 하나님을 알 수 있었다. 오, 오늘도 자기 삶 속에서 행하신

기적으로만 주님을 아는 자들이 얼마나 많은가? 그들은 몸의 치유와 필요의 공급과 재정적 돌파구와 기타 기도 응답을 경험했을 수 있다. 그러나 그들은 그분의 길을 배우러 산에 가지는 않는다. 그들이 바라는 것은 이 세상이 줄 수 있는 것이기 때문이다. 그들은 주님을 경외하지 않는다.

하나님은 그분을 친밀하게 알도록 우리를 그분의 산으로 부르신다. 그 산으로 가는 길은 하나님을 경외하는 마음에서 비롯된 거룩함이다. 그분은 우리에게 분명히 말씀하신다. "여호와의 친밀함이 경외하는 자에게 있음이여 그 언약을 저희에게 보이시리로다" (시 25:14).

CHAPTER 5

산꼭대기로 올라가라

산으로 가면 당신이 달라진다.
아론처럼 밑에 남아 있으면 당신 안에 있는 하나님의 형상이 달라진다.

하나님이 세상에서 구원해 내신 사람들이 그분의 임재를 떠난 삶에 만족할 때 어떤 일이 벌어질까? 이 장에서 우리는 비참한 결과를 발견한다.

하나님의 임재를 멀리하는 교회

하나님은 백성을 산 밑의 진에 있는 장막으로 돌려보내셨다. 모세와 아론과 칠십 장로는 일정 지점까지 올라가 멀리서 경배했다. 경배의 시간이 지난 후, 하나님은 모세만 그분이 계신 정상으로 올라오라고 하셨다. 모세는 여호수아를 택해 함께 더 올라가기 전, 아론과 나머지 장로들에게 간명한 지시를 남겼다. "너희는 여기서 우리가 너희에게로 돌아오기까지 기다리라"(출 24:14). 그리고는 산꼭대기 구름 속으로 들어가 사십 주야를 보냈다. 여호수아는 장로들이 있는 곳과 모세가 있는 정상 사이의 한 지점에서 기다렸다. 그리고 백성은 저 아래 산 밑의 진 안에 있었다.

앞에서 본 것처럼 아론은 본래 모세와 함께 올라오도록 명 받았다. 그런데 왜 가지 않았을까? 그는 하나님의 존전보다 백성 앞이 더 편했다. 어떻게 아는가? 주님의 영광에서 자꾸만 물러나는 모습을 보아 알 수 있다. 아론이 나오는 다음 번 장면을 보면, 그는 이미 진에 돌아가 있다. 모세가 아직 산 위에서 40일을 보내고 있던 때인데도 말이다. 다른 장로들도 그와 함께 있었다!

진은 우리에게 익숙한 곳이다. 그곳은 애굽(세상)에서 구원받아 하나님의 산 밑까지 왔으되 하나님의 임재를 멀리한 채 속마음을 감춰 두고 있는 교회다. 익숙하다고 말하는 이유는, 분명히 애굽은 아니고 하나님 곁이며, 모든 형태의 봉사와 활동이 있지만 그분 마음과는 멀기 때문이다. 아론은 다시 거기로 끌렸다. 오늘도 똑같이 하는 이들이 얼마나 많은가?

하나님을 친밀하게 알지 못했던 아론의 실수

우리는 아론의 삶을 통해, 하나님의 능력으로 세상에서 구원받은 사람이 그분의 임재 안에 행하지 않기로 할 때 어떤 일이 벌어지는지 볼 수 있다. 전개되는 비참한 사연을 보자.

> 백성이 모세가 산에서 내려옴이 더딤을 보고 모여 아론에게 이르러 가로되 "일어나라. 우리를 인도할 신을 우리를 위하여 만들라. 이 모세 곧 우리를 애굽 땅에서 인도하여 낸 사람은 어찌 되었는지 알지 못함이니라"(출 32:1).

모세는 한동안 산에 있었다. 산 밑 주변에는 아무런 움직임도 없었다. 그래서 백성은, 하나님이 움직이지 않으실 때 종교인들이 언제나 하는 일을 했다. 함께 집회로 모인 것이다. 이런 집회는 주님의 이름으로 행해지지만 언제나 하나님의 마음에 철저히 어긋나는 결과를 낳는다. 내막을 살펴보자.

백성은 아론에게로 모였다. 그는 본래 모세와 함께 산꼭대기에 갔어야 했으나 가지 않은 자였다. 그는 정해진 능선에 남아 모세를 기다려야 했으나 그것도 하지 않았다. 사람들은 왜 그런 사람에게 끌리는 것일까? 자기들이 원하는 것을 주기 때문이다!

아론은 리더십이라는 은사가 있었다. 리더십은 하나님이 주시는 은사다(롬 12:8). 리더십에는 일정한 특성들이 있는데 그중 하나가 자석처럼 사람들을 끌어들이는 것이다. 리더십의 소유자가 산 위에 갔다온 자든 아니든 사람들은 꼬인다! 하나님이 임하신 적이 없는데도 교인 5천 명 교회가 되는 것이 그래서 가능하다! 그런 목사는 하나님이 주신 은사를 사용해 그분의 뜻이 아니라 사람들의 뜻을 수행한다. 그는 하나님의 음성을 들으러 산에 다녀온 일이 없는데도 은사 때문에 많은 추종자가 따른다! 섬뜩한 일이 아닐 수 없다.

백성은 아론에게 요구했다. "일어나라. 우리를 인도할 신을 우리를 위하여 만들라. 이 모세 곧 우리를 애굽 땅에서 인도하여 낸 사람은 어찌 되었는지 알지 못함이니라." 그들은 "이 하나님은 어찌 되었는지 알지 못함이니라"고 말하지 않았다. 그들은 모세를 탄핵 내지 불신임하려 했다. 백성이 말한 것을 원어로 보면서, 나는 번역자들이 신의에 약간 우려를 느껴 '신(gods)'이란 단어를 사용했다는 생각이 들 때가 있다.

여기 '신'에 해당하는 히브리어 단어는 엘로힘이다. 이 단어는 구약에 2,250번쯤 나온다. 그중 줄잡아 2,000번은 우리가 섬기는 전능하신 하나님께 대해 쓰였다. 창세기 1장에만 32번 등장한다. 예컨대 1절 "태초에 하나님[엘로힘]이 천지를 창조하시니라"(1:1)에서 엘로힘은 '하나님'으로 번역됐다. 같은 장에 나오는 '하나님'이라는 단어는 전부 본래 엘로힘이다. 구약에서 이 엘로힘이 거짓 신을 지칭하는 데 사용된 경우는 250번쯤 된다. 그것은 문맥 속에서 읽어야 의미를 이해할 수 있다.

아론은 요구하는 이들에게 말했다. "너희 아내와 자녀의 귀의 금고리를 빼어 내게로 가져오라"(출 32:2). 모든 백성은 귀에서 귀고리를 빼어 아론에게 가져왔다. "아론이 그들의 손에서 그 고리를 받아 부어서 각도로 새겨 송아지 형상을 만드니"(출 32:4). 이 구절의 '새기다'는 말은 히브리 단어 야트사르(yatsar)로 "형상으로 빚는다"는 뜻이다(스트롱 성경 사전).

그가 금으로 송아지를 만들자 온 백성이 합세했다. "이스라엘아 이는 너희를 애굽 땅에서 인도하여 낸 너희 신이로다"(출 32:4). 여기 사용된 '신'도 히브리어로 역시 엘로힘이다. 사건의 정체가 비로소 보인다.

"아론이 보고 그 앞에 단을 쌓고 이에 공포하여 가로되 내일은 여호와의 절일이니라 하니"(출 32:5). 여기 '여호와'는 '야훼'라 표기되기도 하는 히브리 단어다. 구약성경의 가장 신성한 단어인 야훼는 유일하신 참 하나님의 고유명사다. 이 말은 거짓 신을 지칭하거나 거짓 신의 이름으로 사용된 적이 한번도 없다. 극히 신성한 단어인지라 히브리 필사자들은 단어를 전부 쓰지 않았다. 모음을 빼고 자음만(영어로 바꾸면 YHWH) 썼다. 그것을 성스런 4자음 즉 입에 담을 수 없는 네 글자라 한다. 그것은 언급할 수 없는 이름이요 이스라엘의 삶에서 모독할 수 없는 성호(聖號)였다.

한마디로 아론과 이스라엘 자녀들은 송아지 형상을 만들고 그것을 가리키며 이렇게 말한 것이다. "우리를 애굽 땅에서 인도하여 내신 유일하신 참 하나님 야훼를 보라!" 그들은 "우리를 애굽 땅에서 인도하여 낸 바알을 보라"고 말하지 않았다. 자신들의 구원을 다른 거짓 신의 공로로 돌린 것도 아니다. 그들은 이 송아지를 여호와의 이름으로 불렀고 그리하여 그분의 영광을 금송아지 수준으로 전락시켰다. 그들은 야훼가 자기들을 애굽에서 구하고 건지셨음을 인정했다. 그분의 치유 능력을 부인하지 않았다. 그러나 그들은 그분의 영광을 짓밟았다!

이 송아지가 나왔나이다

한편 모세는 산에 하나님과 같이 있었기에 백성이 저지른 일을 몰랐다. 하나님이 명하셨다. "너는 내려가라 내가 애굽 땅에서 인도하여 낸 네 백성이 부패하였도다"(출 32:7). 그때 하나님의 분노는 불같이 뜨거웠다. 그분은 그들을 '내 백성'이 아니라 '네 백성'이라 하셨다.

하나님은 그들이 '부패했다'고 말씀하셨다. 여기 '부패하다'는 단어는 문자적으로 '썩는다'는 뜻이다. 하나님의 산 밑에서 교회 놀음을 할 때 우리는 결국 썩게 돼 있다. 그분의 마음에서 멀어진 모든 것은 결국 타락하기 때문이다. 후에 하나님은 이스라엘에 대해 이렇게 말씀하셨다.

> 내 백성이 두 가지 악을 행하였나니 곧 생수의 근원 되는 나를 버린 것과 스스로 웅덩이를 판 것인데 그것은 물을 저축지 못할 터진 웅덩이니라(렘 2:13).

그분은 생명의 근원이다. 우리가 만일 그분이 과거에 주신 것에 매달려 그분 마음과 먼 곳에서 교회 놀음을 한다면 우리는 타락할 수밖에 없다. 그래서 예수님은 이렇게 강조하신다. "아무든지 나를 따라오려거든 자기를 부인하고 날마다 제 십자가를 지고 나를 좇을 것이니라"(눅 9:23). 우리는 날마다 산으로 가야 한다!

산에서 내려와 송아지를 본 모세는 분노가 끓어올랐다. 그는 아론에게 물었다. "이 백성이 네게 어떻게 하였기에 네가 그들로 중죄에 빠지게 하였느뇨." 아론은 자신을 변호한다. "내 주여 노하지 마소서 이 백성의 악함을 당신이 아나이다 그들이 내게 말하기를 우리를 위하여 우리를 인도할 신[엘로힘]을 만들라 이 모세 곧 우리를 애굽 땅에서 인도하여 낸 사람은 어찌 되었는지 알 수 없노라 하기에." 거기까지는 맞았으나 그는 이렇게 덧붙였다.

"내가 그들에게 이르기를 금이 있는 자는 빼어 내라 한즉 그들이 그것을 내게로 가져왔기로 내가 불에 던졌더니 이 송아지가 나왔나이다"(출 32:21-24).

"이 송아지가 나왔나이다." 어떻게 그렇게 말할 수 있는가? 성경은 분명 아론이 각도로 새겨 그것을 만들었다고 했다! 그는 거짓말했다. 하나님이 화나시지 않았을 때 거짓말하는 것도 무서운 일이지만 그분이 불같이 노하셨을 때 거짓말하는 것은 더 무서운 일이다.

나는 이 문제로 기도했다. "주님, 제가 이 사람이 심판받거나 어떻게 되기를 원하는 것은 아니지만 그래도 이해가 안 갑니다. 이렇게 뻔뻔스런 거짓말을 했는데도 어떻게 땅이 열려 그를 삼키지 않고 그냥 지나갈 수 있습니까? 그의 거짓말에 대해 주님의 조처가 전혀 없는 것 같습니다."

주님의 대답은 내 삶에 중대한 영향을 끼쳤고, 이 책의 비전도 거기서 태동했다. 그것을 통해 나는 오늘날 교회의 실상에 대해 새로운 이해를 갖게 되었다. 하나님은 말씀하셨다. "존, 아론은 산꼭대기에 가지 않았다. 그는 모세처럼 나를 보며 나와 함께 거하지 않았다. 따라서 그의 내면에 있는 내 형상은 그가 자라난 사회에서 빚어진 것이다. 속에 있던 것이 밖으로 나온 것뿐이다."

아론은 그때까지 팔십 평생을 애굽에서 보냈다. 그는 거기서 자랐다. 그의 부모도 거기서 태어나고 죽었다. 그는 애굽 문화에 철저히 젖어 있었다. 애굽에는 숭배할 대상이 많았다. 아론은 모세처럼 산에 올라가 하나님을 보고 그분과 대화하지 않았기에, 그가 품은 야훼의 형상은 그가 자란 사회를 통해 빚어진 것이었다. 아론은 먼발치서 슬쩍 하나님의 발만 보았다. 그는 모세처럼 그분의 임재 안으로 들어가지 않았다.

예수님은 하나님 나라를 '보는' 것과 하나님 나라에 '들어가는' 것에 대해 말씀하신다(요 3:3, 5). 하나님 나라를 보려면 우리는 거듭나야 한다. 즉 세상에서 구원받아야 한다. 그러나 거기서 그치면 안 된다.

그분은 우리를 그 나라로 들어오라고 부르신다. 바울은 루스드라와 이고니온과 안디옥 성의 이미 구원받은 사람들에게 "우리가 하나님 나라에 들어가려면 많은 환난을 겪어야 할 것이라"(행 14:21-22)고 말했다. 이미 구원받은 자들도 하나님 나라에 들어가려면 장차 겪어야 할 일들이 있다. 하나님은 그들을 준비시켜 그 일들을 당해내게 하신다.

아론은 애굽에서 구원받았다. 거듭남의 모형이다. 그러나 그는 하나님을 친밀하게 알지 못했고, 산 밑에서 교회 놀음을 했다. 그 결과 그는 하나님의 형상을 주변에서 본 것과 같은 수준으로 전락시켰다.

썩어질 인간의 모양으로 빚어진 예수 형상

신약에서 바울은 이 문제를 이렇게 다룬다.

창세로부터 그의 보이지 아니하는 것들 곧 그의 영원하신 능력과 신성이 그 만드신 만물에 분명히 보여 알게 되나니 그러므로 저희가 핑계치 못할지니라. 하나님을 알되 하나님으로 영화롭게도 아니하며 감사치도 아니하고(롬 1:20-21).

그들은 하나님을 하나님으로 영화롭게 아니한다. 다시 말해 그들은 그분을 알긴 알지만 그 영광에는 턱없는 것만을 드린다. 이스라엘 자손들은 야훼의 구원을 인정했지만 그분께 합당한 영예와 경외와 영광을 드리지 않았다. 사태는 별로 달라지지 않았다. 바울은 신약시대를 산 사람들에 대해 계속해서 이렇게 말한다.

썩어지지 아니하는 하나님의 영광을 썩어질 사람과 금수와 버러지 형상의 우상으로 바꾸었느니라(롬 1:23).

유일하신 참 하나님의 영광스런 형상이 곤충과 새와 동물과 썩어질 사람의 형상으로 바뀐다. 우리 사회가 새와 금수와 버러지를 숭배하는가? 절대 아니다. 만일 우리가 금송아지 형상을 만들어 앞마당에 둔다면 사람들은 우리를 보고 비웃으며 "녹여서 장신구를 만들어 팔라!"고 말할 것이다.

우리 사회가 숭배하는 것은 무엇인가? 답은 자아(自我), 곧 썩어질 사람이다! 이스라엘은 동물과 곤충의 금상을 숭배하는 문화에 둘러싸여 있었다. 현대 교회는 자아 즉 썩어질 인간을 숭배하는 문화에 둘러싸여 있다. 아론과 백성이 산 위에 오신 하나님의 영광스런 임재에서 물러나자 그들의 하나님 형상은 애굽이 숭배하던 동물들 형상으로 빚어졌다. 오늘날 신자들이 하나님의 산에서 물러날 때 그들의 하나님 형상은 우리 사회가 숭배하는 자아 즉 썩어질 인간의 모양으로 빚어진다.

수년간 내 심령을 사로잡아 온 떨칠 수 없는 생각이 있다. 우리는 우리가 만들어 낸 형상으로 예수님을 섬겨 왔다는 것이다. 우리는 그분을 '주'라 부른다. 그분의 구원과 치유와 해방의 능력을 인정한다. 그러나 그분은 지존하신 하나님의 우편에 앉아 계신 분인가? 아니면 우리가 우리 형상대로 만들어 놓고 '주'라 부르는 예수인가?

말씀 통해 계시된 그분의 참 형상

우상 숭배는 아주 편리한 예배 형태다. 우상은 우상을 만든 자들에게 그들이 원하는 것, 그들 마음이 추구하는 것을 준다. 그들이 우상을 만든 장본인이기 때문이다. 동시에 우상은 더 높은 존재를 예배하고 싶은 인간의 천성적 필요를 채워 준다. 우상을 만든 자들이 성적 쾌락에 열을 올린다면 우상은 그 욕망을 채워 줄 계명을 그들에게 내릴 것이다. 이사야를 통해 주신 하나님 말씀에 그것이 아주 분명히 나타나 있다. "자기한테 무익한 신상을 만들거나 우상을 부어 만들 자가 누구냐?"(사 44:10. 신흠정역).

산 밑에서 행한 이스라엘의 행위와 관련해 살펴보자. 그들은 아론이 만든 금송아지 앞으로 다시 모였다. 그와 백성은 금송아지를 자기들을 애굽에서 인도해 낸 야훼의 형상으로 여겼다. "이튿날에 그들이 일찍이 일어나 번제를 드리며 화목제를 드리고 앉아서 먹고 마시며 일어나서 뛰놀더라"(출 32:6).

다음날 그들은, 하나님의 산 밑에 있는 교회 예배에 나갔다. 그들은 야훼의 사랑과 위대하심을 고백했다. 헌금도 드리고 찬송도 부르고 설교도 했다. 그들의 야훼는 그들이 듣고 싶어하던 메시지, 그들의 욕망을 채워 주는 메시지를 주었다. 그들은 앉아서 먹고 마시며 일어나서 뛰놀았다. 그들의 교회 놀음은 제 육신에나 즐거운 일이었다. 모세가 내려올 때쯤 그들은 방자할 대로 방자해 있었다(출 32:25).

이 시나리오는 우리에게 우상 숭배의 뿌리에 대해 한층 깊은 통찰을 준다. 그것은 반역이다. 하나님 말씀에 확증돼 있다. "거역하는 것은 사술의 죄와 같고 완고한 것은 사신(邪神) 우상에게 절하는 죄와 같음이라"(삼상 15:23).

애굽인들은 송아지를 만들어 이름만 붙이면 됐다. 그러면 그것이 그들의 뜻하는 바를 주었다. 그 뜻이 창조주의 뜻에 어긋나는 것임을 그들도 마음속으로 알았다(모든 인간은 그분의 뜻을 안다. 그래서 바울은 "하나님의 진노가 불의로 진리를 막는 사람들의 모든 경건치 않음과 불의에 대하여 하늘로 좇아 나타나나니 이는 하나님을 알 만한 것이 저희 속에 보임이라 하나님께서 이를 저희에게 보이셨느니라"[롬 1:18-19]고 말했다).

애굽에서 나온 이스라엘 백성의 경우도 기본 개념은 똑같았다. 단 한 가지 약간 조정할 것이 있다. 이스라엘 사람들은 야훼의 이름을 알았고 이미 그분의 능력을 경험했다. 그러나 그들은 반역의 길을 버리고 하나님의 길을 따를 뜻이 없었다. 따라서 그들의 양심과 욕심을 둘 다 채우는 길은 자기들의 욕심을 채워 주되 야훼를 닮은 형상을 만드는 것이었다. 그 일은 그들이 의식할 수 없을 만큼 아주 교묘히 이루어졌다.

바울은 고린도 교회에 경고했다.

> 뱀이 그 간계로 이와를 미혹케 한 것같이 너희 마음이 그리스도를 향하는 진실함과 깨끗함에서 떠나 부패할까 두려워하노라. 만일 누가 가서 우리의 전파하지 아니한 다른 예수를 전파하거나 혹 너희의 받지 아니한 다른 영을 받게 하거나 혹 너희의 받지 아니한 다른 복음을 받게 할 때에는 너희가 잘 용납하는구나 (고후 11:3-4).

나는 4절에 대한 현대영역(CEV)의 풀이가 마음에 든다. "우리는 너희에게 예수를 전했고 너희는 성령을 받아들이고 우리 메시지를 받았다. 그러나 너희는 일부 사람들이 너희에게 다른 예수를 전하도록 두었다. 이제 너희는 다른 영을 받아들이고 다른 메시지를 받을 준비가 돼 있다."

하나님의 권위 체계에 어긋나는 세상적 생활 방식을 계속 바란다면, 우리는 무의식중에 '다른 예수'를 섬김으로써 그것을 얻을 것이다. 그 예수의 뜻은 우리의 욕심과 꼭 맞기 때문이다. 자신도 모르는 새 우리는 말 잘 듣는 신을 만들어 냈다! 이것은 노골적 거짓이 아니라 교묘한 기만이다.

그 기만 속에서 우리는 "예수님은 내 친구"라느니 "하나님이 내 마음을 아신다"는 말로 자위한다. 하나님이 나보다 내 마음을 더 속속들이 아시는 것은 사실이다. 그러나 대개 우리는 그분의 언약에 상충되는 행동을 정당화할 때 그런 말을 들먹인다. 사실인즉 그것은 반역이다!

우리 입술은 여전히 그분을 높이지만 그분을 향한 경외는 인간의 계명으로 배운 것에 불과하다. "주께서 가라사대 이 백성이 입으로는 나를 가까이하며 입술로는 나를 존경하나 그 마음은 내게서 멀리 떠났나니 그들이 나를 경외함은 사람의 계명으로 가르침을 받았을 뿐이라"(사 29:13). 우리는 문화에 영향받은 내 생각으로 하나님의 말씀과 계명을 걸러 낸다. 우리가 품은 그분의 영광에 대한 형상은, 산 위에서 살아 계신 말씀을 통해 계시된 그분의 참 형상이 아니라 우리의 제한된 인식을 통해 빚어진 것이다.

주님을 앙망하고 그 광채를 입으라

두어 가지 예를 들어 보자. 한 여자가 내게 전화해 자신이 자기 교회의 한 남자와 불륜의 육체 관계를 맺어 왔음을 고백했다. 그녀의 남편은 그리스도인이 아니었고 아내의 신앙에 대해 말로 비난해 왔다. 구타는 없었다. 그녀와 다른 남자는 육체 관계를 끝냈다.

그러나 그녀의 '그리스도인 친구들'은 그녀에게, 하나님이 우리를 평안으로 부르셨으니 남편과 이혼하고 그녀를 사랑해 주는 그 착한 그리스도인 남자와 결혼하라고 권했다. 내 질문은, 그녀의 친구들이 섬기는 '예수'는 누구냐는 것이다! 하나님 우편에 앉아 계신 분은 절대 아니다. 그들의 '예수'는 이 사회에서 빚어진 것이다. 사회는 이혼에 물들어 있다. 이혼을 계획적으로 하는 사람들은 거의 없다. 그들은 이기적 계산에 따라 행복한 삶을 원할 뿐이다. 그들이 배우자와 맺은 서약은 자신의 행복에 방해되지 않을 때만 의미 있다.

그 여자는 자기 상황에 대한 내 의견을 물었다. 실은 자신이 이미 정한 길을 최종 확정하려고 지도자의 허락을 구하는 것이었다. 그녀의 남편은 도덕적으로 부부의 정절을 저버린 적이 없었다. 나는 그녀에게, 이혼은 사람들의 심령을 찢고 학대로 덮기 때문에 하나님이 이혼을 미워하신다고 말했다(말 2:16). 신약에서 주님은 아내에게 남편을 떠나지 말라고 명하셨으며, 그래도 떠나는 여자는 재혼할 수 없다(고전 7:10-11). 그녀는 머리로는 내 말을 이해했다. 그러나 나중에 나는 그 여자가 이혼하고 다른 남자와 결혼했다는 소식을 들었다. 그녀는 행복할지 모른다. 산 밑의 백성이 모세가 내려올 때까지는 행복했던 것처럼!

이와 반대로 나는 하나님을 경외하는 여자들을 많이 알고 있다. 그들은 하나님의 마음을 품었기에 불신 남편들과의 결혼생활을 지켰다. 그들은 즐거움을 구하지 않고 오히려 섬기려 했다. 다수의 남편들이 경건한 아내의 삶을 보고 결국 구원받았다. 오랜 세월 아내가 기도하며 남편 앞에서 신앙에 합치된 삶을 산 뒤에야 구원받은 남편들도 있다.

다른 예를 들어 보자. 하나님의 성품을 따르려는 한 여인이 있었다. 결혼한 지 몇 년 후 그녀는 남편이 동성애자임을 알게 됐다. 10년 동안 그녀는 말할 수 없이 힘든 삶을 살았다. 남편은 한 비밀 경찰에게 섹스를 요구하다 체포된 적도 있었다. 그녀의 맏아들이 아버지가 감옥에 있다는 전화를 받았었다. 그러나 그녀는 남편을 위해 쉬지 않고 기도했다.

사태가 최악이었을 때는 이혼 여부를 주님께 여쭈었다. 주님은 대답하셨다. "너는 남편과 이혼할 성경적 근거가 있다. 네가 이혼을 택한다면 내가 너를 복 줄 것이다. 그러나 계속 남아 남편을 위해 기도로 싸운다면 내가 네 남편을 건질 것이고 너는 갑절로 복 받을 것이다"(도덕적 외도의 상황에서 하나님이 언제나 이렇게 말씀하신다는 뜻은 아니다). 그녀는 남아 싸우기로 했다. 시간이 걸렸다. 결국 그녀의 남편은 영광스럽게 자유를 얻었고, 그렇게 벗어난 지 15년째다. 지금 그는 긍휼이 풍성한 담임목사다. 나도 그 교회에서 설교한 적이 있는데, 그녀야말로 여태껏 내가 만나 본 가장 경건한 사람 중 하나임을 고백하지 않을 수 없다.

산으로 가 변화된 여자는 둘 중 어느 쪽인가? 전자는 예수님이 자기에게 평안을 주신다는 믿음으로 남편과 이혼했다. 그러나 하나님 말씀은, 그녀를 향한 하나님의 뜻이 결혼생활을 지키는 것이라고 명백히 밝혔다. 후자는 이혼할 성경적 근거가 있었다. 그러나 그녀는 자기 권리를 버리고 남편의 삶을 위해 싸우는 길을 택했다. 예수님은 자신의 권리를 버리고 이 땅에 오셔서 우리를 위해 죽으셨다! 어느 쪽 여자에게서 하나님의 심장 박동이 느껴지는가? 이유는? 그녀는 산에 다녀왔기 때문이다!

신자의 삶에는 둘 중 한 가지 일이 벌어지게 돼 있다. 첫째는, 내가 예수님 형상으로 바뀔 수 있다. 영광스런 임재 가운데 들려오는 하나님 말씀으로 자신을 변화시킬 때 그렇게 된다. 둘째는, 예수님을 내 마음이 원하는 형상으로 바꿀 수 있다. 산으로 가면 당신이 달라진다. 아론처럼 밑에 남아 있으면 당신 안에 있는 하나님의 형상이 달라진다.

하나님과 40일을 보내고 산에서 내려올 때 모세는 달라졌고 얼굴이 빛났다. "모세가 그 증거의 두 판을 자기 손에 들고 시내 산에서 내려오니 그 산에서 내려올 때에 모세는 자기가 여호와와 말씀하였음을 인하여 얼굴 꺼풀에 광채가 나나 깨닫지 못하였더라"(출 34:29).

남편 곁을 지킨 여자는 자신의 순전함을 의식하지 못했다. 나와 대화할 때마다 그녀는 하나님이 자신을 어떻게 다루어 변화시키고 계신지 얘기할 뿐이다. 그녀는 자기가 얼마나 광채를 발하는지 모른다. 진정 거룩함 중에 행하는 모든 자들이 그렇다. 성경은 "저희가 주를 앙망하고 광채를 입었으니"(시 34:5)라고 선포한다. 그분을 바라볼 수 있는 자들은 마음속에서 애굽의 욕심을 벗은 자들이다. 그들의 소원은 하나뿐이니 곧 영광의 주님을 아는 것이다. 그렇다면 이제 우리도 이 중요한 질문 앞에 마주서야 한다.

"우리가 섬기는 예수님은 높으신 하나님 우편에 앉아 계신 분인가? 아니면 우리가 살고 있는 사회의 방식과 욕심에 따라 빚어진 다른 예수인가?"

CHAPTER 6

세상 욕심을 버리라

우리는 욕심을 십자가 밑에 내려놓아야 한다.

지금까지 한 얘기는 모두 '본받다'는 단어에 대한 거창한 도입이다. 웹스터 사전에는 이 단어를 "방식, 의견, 도덕성에서 무엇과 같아지다"라고 풀이했다. 하나님 말씀은 "너희는 이 세대를 본받지 말고 오직 마음을 새롭게 함으로 변화를 받아"(롬 12:2)라고 가르친다.

성령의 메시지를 더 잘 이해하기 위해 원어를 살펴보자. 이 구절의 '본받다'는 말은 헬라어로 '수스키마티조(suschematizo)'다. 헬라어 정의를 보면 뜻을 더 잘 알 수 있다. 스트롱 사전에는 이 말이 "비슷한 모양을 띠다, 동일한 틀(비유적)을 따르다"라고 정의돼 있다. 바인(Vine) 사전도 "이것의 꼴이나 모양을 저것처럼 하다"라고 정의했다. 두 사전 다 한쪽의 형상을 다른 쪽과 같게 한다는 개념이 강조돼 있다.

아론은 자기에게 주어진 금으로 송아지 형상을 '새겼다.' 외적 행위는 그의 내면에 이미 빚어진 상에 대한 반영에 지나지 않았다. 그의 영혼은 애굽에 물들어 있었고 그는 분명 거기서 자신을 깨끗하게 하지 않았다. 안에 있던 것이 밖으로 나왔다. 그는 애굽을 본받은 자였다. 앞 장에서 말했듯이, 그는 모세처럼 하나님의 영광스런 임재에 가까이 나아가 변화될 뜻이 없었던 것으로 보인다. 백성도 아론의 본을 따랐다. 하나님은 그들에 대해 이렇게 말씀하셨다.

[이스라엘이] 젊었을 때에 애굽 사람과 동침하매 그 처녀의 가슴이 어루만진 바 되며 그 몸에 음란을 쏟음을 당한 바 되었더니 그가 그때부터 행음함을 마지 아니하였느니라(겔 23:8).

사전에 보면 '음란' 이란 말은 '욕심' 을 뜻한다. 확대 성경(*Amplified Bible*)에 그 뜻이 강조돼 있다. "그들이 그 몸에 죄악된 욕심을 쏟았다." 욕심은 인간 행동의 동기가 된다. 우리는 언제나 그 길을 따르게 돼 있다.

욕심과 의도는 다르다

욕심과 의도를 똑같이 보는 이들이 많지만 실은 전혀 별개다. 당신에게 아주 선하거나 경건한 의도가 있을 수 있지만 그것이 당신의 참 욕심은 아닐 수 있다. 말로는 세상의 영향력에서 벗어나 하나님 안에 들어갈 욕심이 있다고 하지만 실제 행위가 따르지 않는 사람들이 적지 않다. 그들은 자신의 참 욕심을 모른다. 야고보는 "오직 각 사람이 시험을 받는 것은 자기 욕심에 끌려 미혹됨"(약 1:14)이라고 선포했다. 인간은 아무리 의도가 선해도 결국 욕심을 따르게 돼 있다. 그래서 야고보는 계속해서 "내 사랑하는 형제들아 속지 말라"(약 1:16)고 말한다(물론 욕심에도 긍정적 측면이 있으나 여기서 우리가 다루는 것은 부정적 측면이다).

"사탄이 시켜서 했다"고 말한 것은 하나님이 아니라 어떤 코미디언이다. 사탄은 신자에게 어떤 일도 억지로 시킬 수 없다. 단지 유혹할 수 있을 뿐이다. 그러나 인간은 욕심 없는 일에는 유혹당하지 않는다. 신자들에게 코카인이나 환각제 주사를 제의한다면 대부분 주서 없이 거질할 깃이다. 거기에 욕심이 없기 때문이다. 그러니 그것은 그들에게 유혹이 될 수 없다. 그러나 이스라엘 백성처럼 불신자 시절에 세상 체제가 심어 준 욕심을 아직 버리지 않은 신자들이 많다. 그들은 세상 일들에 쉽게 유혹당할 수 있다.

우리는 십자가 밑에 욕심을 내려놓아야 한다. "그리스도 예수의 사람들은 육체와 함께 그 정과 욕심을 십자가에 못박았느니라"(갈 5:24). 이것은 하나님이 대신 해 주시는 일이 아니라 우리가 해야 할 일이다. 그분의 은혜 없이는 안 되는 일이지만 그래도 우리의 일이다! 십자가 밑에 내려놓지 않은 헛된 욕심이 무엇이든 우리는 거기에 미혹될 수 있다. 세상 길에 대한 욕심을 버리지 않는다면 우리도 이스라엘처럼 쉽게 세상으로 돌아갈 수 있다. 그래서 바울은 "세상이 나를 대하여 십자가에 못박히고 내가 또한 세상을 대하여 그러하니라"(갈 6:14)고 고백했다.

캘리포니아의 한 교회에서 회개의 메시지를 전한 적이 있다. 집회 후 그 교회 목사가 내게 저녁을 대접하며 자신의 간증을 나누었다. 구원받을 때 그는 자신을 얽어 매고 있던 많은 죄를 끊었다. 그러나 하루에 담배를 두 갑씩 피우던 버릇만은 끊지 못했다. 그는 말했다. "존, 이 중독을 끊으려고 내가 아는 성경적 방법은 다 시도했습니다. 기도하고 금식하고 말씀을 고백하고 다른 사람들에게 기도를 부탁했습니다. 우리 교회에 외부 강사가 올 때마다 나는 앞에 나와 기도하라는 초청에도 응했습니다. 내 중독을 고백하며 거기서 벗어나게 해 달라고 그들에게 기도를 부탁했습니다. 2년 동안 그랬습니다."

그렇게 씨름하던 중 그는 한 친구를 자기 교회의 전도 집회에 초대했다. 구원받지 않은 친구였는데 그도 담배에 중독돼 하루 두 갑씩 피우고 있었다. 그날 밤 친구는 구원 초청에 응했고 전도자가 그를 위해 기도해 주자 그는 영광스럽게 구원받고 즉시 담배 중독에서 벗어났다.

목사는 말을 이었다. "존, 나는 친구를 인해서는 기뻤지만 하나님께는 몹시 언짢았습니다. 친구를 집에 데려다 주며 그의 구원에 대한 기쁨을 아낌없이 표현했습니다. 그러나 집에 와서는 몹시 화난 내 기분을 하나님께 털어놓았습니다. 거실에 앉아 이렇게 기도했지요. '하나님, 저는 금식하고 기도하고 교인들과 우리 교회에 온 모든 목사 앞에서 저를 낮췄습니다. 그러나 주님은 저를 구해 주시지 않았습니다. 그런데 오늘 밤 제 친구는 오자마자 즉시 구원하시고 담배를 끊게 해 주셨습니다. 왜 저는 구해 주시지 않습니까?'"

목사는 계속 말을 이었다. "존, 내가 그렇게 말씀드렸더니 하나님이 직접 음성으로 내게 답하셨습니다. 귀로 들었는지 내면의 귀로 들었는지는 모르겠지만 그분의 말씀인 것은 분명히 압니다. 내가 '하나님… 왜 저는 구해 주시지 않습니까?'라고 부르짖자 그분의 단호한 말씀이 들려왔어요. '너는 아직도 그것을 좋아하기 때문이다!' 그때 나는 갖고 있던 담배를 한번 쳐다본 후 내다 버리고 그후로 다시는 손대지 않았습니다!"

목사는 2년간 자신과 남들에게 담배를 정말 끊고 싶다고 말했지만 그것은 그의 참 욕심이 아니고 의도일 뿐이었다. 그래서 그는 자기가 원치 않는다고 말했던 것에 그토록 쉽게 끌렸던 것이다. 그때 하나님이 그의 참 욕심을 보여 주셨다. 그 욕심을 회개하고 십자가의 능력 밑에 내려놓자 하나님의 은혜가 그에게 자유를 가져다 주었다. 그 해방은 자신과 하나님의 협력으로 온 것이었다.

이 예는 이스라엘에도 적용되고, 오늘 교회 안에 있는 세상 풍속과 방식과 관행에도 그대로 적용된다. 이스라엘이 교회의 모형임을 잊지 말라.

하나님은 이스라엘이 젊었을 때 애굽 사람과 동침하여, 그 처녀의 가슴이 어루만진 바 되고 그 몸에 음란을 쏟음을 당한 바 되어 그때부터 행음함을 마지 아니하였다고 말씀하셨다. 백성도 모세처럼 내려놓을 수 있었으나 그들은 그것을 원치 않았다.

믿음을 고백하되 세상을 본받는 신자들

애굽에서 구원받은 모든 사람 중 애굽 방식에 가장 젖어 있던 사람은 사실 모세였다. 그는 바로의 집에서 자라며 애굽의 학문을 배웠고 그의 친구들은 모두 애굽인이었다. 다른 히브리 사람들은 애굽에서도 최소한 자체 공동체 내에 살았다. 그들은 사회에서 학대당했으나 모세는 애굽의 보화와 지혜로 호강했다. 그들은 애굽 체제 전반에 모세만큼 얽혀 있지 않았다. 그러므로 애굽의 욕심에서 벗어나기 더 힘들다고 말할 사람이 있다면 단연 모세였다. 그러나 애굽 쪽으로 계속 끌린 것은 이스라엘 자녀들이었다. 오히려 모세는 애굽의 어떤 것에도 욕심이 없었다.

오늘 우리는 연예인, 운동 선수 등 세상 체제에 깊이 연루된 분야의 사람들에게는 십자가의 메시지를 강하게 적용하지 못한다. 양보하면서 그들의 세상적 관행이나 방식을 못 본 척한다. 우리의 이런 행위는 그들에게 이롭기보다 해가 된다. 그들에게 복음을 적당히 전함으로써 우리는 주님의 산에 이르는 그들의 길을 막는다. 그들은 점점 더 세상으로 기운다. 완전히 세상으로 돌아가지 않는다 해도 그들은 하나님 우편에 앉아 계신 분과 전혀 다른 '예수'를 만들어 낸다. 그들은 구원과 주님을 알려는 욕심을 고백할지 모르나 자신의 참 욕심이 무엇인지 모른다. 그들의 참 욕심은 세상 체제에 있다. 그들은 믿음을 고백하되 세상을 본받는 신자들이다.

이스라엘은 하나님을 알고 그분과 동행하고 싶은 욕심을 고백했다. 앞에서 거듭 본 것처럼 하나님은 산에서 영광을 보이시기 전, 자신이 그들을 자신에게로 인도하였음을 백성한테 알리라고 모세에게 명하셨다. 그분의 음성을 듣고 그분의 언약을 지키면 그들은 제사장 나라가 될 것이었다. 모세는 산에서 내려가 하나님의 조건을 백성에게 고했다. 그들의 반응은 이랬다.

> 모세가 와서 백성의 장로들을 불러 여호와께서 자기에게 명하신 그 모든 말씀을 그 앞에 진술하니 백성이 일제히 응답하여 가로되 "여호와의 명하신 대로 우리가 다 행하리이다." 모세가 백성의 말로 여호와께 회보하매(출 19:7-8).

그들의 반응은 진심이었으나 우리는 그 후에 벌어진 일을 안다. 그들은 물러났다. 그들의 마음과 생각 속에서 주님의 영광은 변질됐다. 그들이 밝힌 것은 욕심이 아니라 의도였다. 그들은 자신들의 참 욕심 즉 애굽의 욕심을 몰랐다. 그것이 그들을 하나님께 가까이 가지 못하게 했다.

시험이 닥치면 마음의 동기가 드러난다

모세는 애굽 방식에 전혀 욕심을 보이지 않았는데, 왜 모세보다 애굽 방식에 덜 젖어 있던 이스라엘 백성은 다시 거기로 끌렸을까? 세상에 더 깊이 얽혀 있던 사람이 세상 방식에 더 쉽게 흥미를 잃은 까닭은 무엇인가?

양쪽을 잘 살펴보면 차이를 알 수 있다. 우리는 오늘날 교회를 구성하는 사람들 중 판이한 두 집단을 볼 수 있다. 모세는 한 집단을 대표하고 이스라엘 자손들은 다른 집단을 대표한다. 오늘 교회에, 세상의 깊은 속박과 굴레에서 벗어난 후 다시 세상에 돌아갈 욕심이 전혀 없는 교인들이 있는가 하면 세상을 본받는 교인들도 많이 있는 이유를 우리는 알게 될 것이다.

수세기 동안 이스라엘 자녀들은 애굽의 압제에서 벗어나게 해 달라고 부르짖어 기도했다. 그들은 약속의 땅으로 돌아가고 싶었다. 하나님은 구원자 모세를 보내셨다. 그분은 모세에게 말씀하셨다. "내가 내려와서 그들을 애굽인의 손에서 건져 내고 그들을 그 땅에서 인도하여 아름답고 광대한 땅, 젖과 꿀이 흐르는 땅…에 이르려 하노라"(출 3:8). 하나님은 또 그에게 말씀과 기적을 주어 바로에게 그 백성을 보내도록 명하게 하셨다.

모세는 바로에게 전할 하나님 말씀을 듣고 40년 만에 애굽으로 돌아갔다. 그는 우선 이스라엘 백성에게 가서 하나님의 자유의 메시지를 전했다. 그 소식을 들은 그들의 반응을 성경은 이렇게 전한다. "백성이 믿으며 여호와께서 이스라엘 자손을 돌아보시고 그 고난을 감찰하셨다 함을 듣고 머리 숙여 경배하였더라"(출 4:31).

모인 무리의 심정을 헤아릴 수 있을까? 그들은 평생 노예였다. 그들의 아버지도 할아버지도 증조부도 노예였다. 해방과 땅의 약속은 400년간 회자되기만 했다. 그런데 지금 구원자가 그들 눈앞에 있었다. 백성은 기쁨을 억누를 줄 몰랐다. 그들은 모세가 행한 기적을 보았고 그의 선포를 뜨겁게 믿었다. 그들의 절규와 외침과 함성이 들려오는 듯하다. "얼마나 놀라운 소식인가! 드디어 그날이

왔다! 하나님이 우리를 구원하러 오셨다!" 그들은 찬양과 감사에 못 이겨 급기야 고개 숙여 하나님을 경배했다.

그리고 나서 모세는 바로에게로 가 여호와의 동일한 메시지를 선포하고 "내 백성을 보내라"고 명했다. 그러나 바로는 노역을 가중시키는 것으로 응수했다. 이스라엘 백성은 이제 짚도 공급되지 않는 상황에서 날마다 엄청난 양의 벽돌을 만들어야 했다. 밤에 이삭을 주워 낮에 노동해야 했다. 짚을 받지 못했음에도 요구되는 벽돌 수는 줄지 않았다. 하나님의 자유의 말씀은 그들의 고생과 고초를 가중시켰다.

이스라엘 자손들은 태도가 바뀌기 시작했다. 그들은 모세에게 불평했다. "우리를 가만두고 바로에게 설교를 그치라. 당신 때문에 우리 삶이 더 고달파지고 있다." 이들은 며칠 전 모세가 처음 소식을 가져왔을 때 하나님을 경배하던 바로 그들이었다.

하나님이 마침내 그들을 애굽에서 구원하시자 바로의 마음은 다시 강퍅해졌다. 그는 최고의 병거와 장수들을 거느리고 광야까지 이스라엘을 추격했다. 한쪽에는 애굽 군대가 달려오고 한쪽에는 홍해가 가로막고 있음을 본 히브리인들은 다시 불평했다. "우리가 애굽에서 당신에게 고한 말이 이것이 아니뇨 이르기를 우리를 버려 두라 우리가 애굽 사람을 섬길 것이라 하지 아니하더뇨 애굽 사람을 섬기는 것이 광야에서 죽는 것보다 낫겠노라"(출 14:12).

한마디로 이런 말이다. "우리 삶만 더 비참해지는데 굳이 우리가 당신이 말하는 하나님 명대로 할 이유가 무엇이오? 우리는 더 나아진 것이 아니라 더 열악해졌소." 그들은 현재의 상태를 이전

생활방식과 비교하기에 급급했다. 양쪽이 아구가 안 맞을 때마다 이스라엘 백성은 돌아가고 싶어했다. 그들은 무엇이든 자기한테 좋아 보이는 것을 욕심 냈다. 하나님의 뜻을 이루려는 욕심은 뒷전이었다. 오, 자기 삶을 사랑한 나머지 하나님에 대한 참된 욕심이 없었던 그들이여!

하나님이 홍해를 가르시자 이스라엘 자녀들은 마른 땅을 건넜고 압제자들이 빠져 죽는 것을 보았다. 그제서야 다시 그들은 하나님의 선하심을 찬양하며 기뻐했다. "아론의 누이 선지자 미리암이 손에 소고를 잡으매 모든 여인도 그를 따라 나오며 소고를 잡고 춤추니"(출 15:20). 여자 백만 명이 소고를 잡고 춤추는 모습을 상상할 수 있는가? 얼마나 놀라운 찬양 예배인가!

그들은 견고한 신자였고 아무것도 그들을 물러서게 할 수 없었다. 그들은 하나님의 선하심을 다시는 의심치 않을 자신이 있었다! 그러나 그들은 자기 마음을 몰랐다. 의도는 알았으나 욕심은 몰랐다. 다시 시험이 닥치자 그들의 신실치 못한 마음이 또 드러난다. 겨우 사흘 만에 그들은 쓴 물 대신 단물을 달라고 불평했다(출 15:22-25 참조). 그들의 생각은 벌써 하나님의 광야에는 없되 애굽에는 있던 것으로 돌아가고 있었다.

며칠 후, 이번에는 음식이 없다고 불평했다. "우리가 애굽 땅에서… 여호와의 손에 죽었더면 좋았을 것을"(출 16:1-4 참조). 자기들의 불평에 하나님을 끌어들이고 있다. 그분의 뜻과 무관하게 말이다. 얼마나 종교적인가. 그들의 위선이 보이는가?

반복되는 이들의 행동은, 하나님이 그들을 바란 광야로 인도하실 때 극에 달했다. 거기서 하나님은 모세에게 명해 각 지파에서 열두 지도자를 뽑아 그분이 약속하신 땅을 정탐하게 하셨다. 지도자들은 사십 일간 가나안에 갔다. 열 명은 낙심천만한 보고를 가져왔다. "우리는 능히 올라가서 그 백성을 치지 못하리라 그들은 우리보다 강하니라"(민 13:31).

갈렙과 여호수아가 그들에게 강경히 맞섰음에도 불구하고, 회중은 부정적인 보고를 받아들여 밤새도록 곡하며 불평을 늘어놓았다. "어찌하여 여호와가 우리를 그 땅으로 인도하여 칼에 망하게 하려 하는고 우리 처자가 사로잡히리니 애굽으로 돌아가는 것이 낫지 아니하랴"(민 14:1-3). 그들은 마음에 들지 않는 상황에 처할 때마다 불평했다. 자기들한테 좋아 보이는 한, 하나님 말씀을 지켰고 그분을 바라는 듯했다. 그러나 자기 육신에 달갑지 않은 쪽으로 가야 할 때면 당장 불평했다. "그것이 더 낫지 아니하랴." 이 말 속에 그들의 마음이 생생히 담겨 있다. "이는 마음에 가득한 것을 입으로 말함이라"(마 12:34). 삶에 대한 핵심 동기는 힘들 때 하는 말과 행동 속에 명백히 드러난다. 그들의 경우, 바로 자기 자신이었다. 그들의 초점은 하나님의 마음이 아니라 자신의 삶이었다.

그분의 임재 없는 약속의 땅 제의를 거부하라

모세는 사뭇 달랐다. 이스라엘의 지도자가 된 후, 모세는 애굽의 혜택을 누리는 쪽이 아니라 하나님의 백성과 함께 고난당하는 쪽을 택했다. 이스라엘 자손들은 고생을 선택하지 않았지만, 모세는 세상이 줄 수 있는 최고의 것들이 눈앞에 펼쳐져 있는데도 모두 거부했다. "그리스도를 위하여 받는 능욕을 애굽의 모든 보화보다 더 큰 재물로 여겼으니 이는 상 주심을 바라봄이라"(히 11:26).

이스라엘 백성은 애굽의 압제를 빨리도 잊어버리고 다시 애굽(세상)으로 돌아가고 싶어했다. 그들은 거기서 실컷 누렸던 것, 시련의 광야에는 없는 것들만 기억했다. 반면 모세는 "상 주심을 바라봄"으로 고생을 택했다. 그 상은 무엇인가? 답은 하나님이 주겠다고 하신 약속의 땅이다. 처음 제시하셨을 때 모세와 백성이 살 받았다면 400년간 고대해 온 약속이 곧바로 이루어졌을 것이다. 여호와가 모세에게 말씀하셨다.

> 너는 네가 애굽 땅에서 인도하여 낸 백성과 함께 여기서 떠나서 내가 아브라함과 이삭과 야곱에게 맹세하기를 네 자손에게 주마 한 그 땅으로 올라가라. 내가 사자를 네 앞서 보내어 가나안 사람과 아모리 사람과 헷 사람과 브리스 사람과 히위 사람과 여부스 사람을 쫓아내고(출 33:1-2).

그들이 고대해 온 약속의 실현이 눈앞에 있었다. 이방 땅에서 400년을 보낸 후에야 풍성한 땅으로 갈 수 있는 길이 놓였다. 그러나 문제가 있었다. 하나님은 계속해서 이렇게 말씀하셨다. "너희로 젖과 꿀이 흐르는 땅에 이르게 하려니와 나는 너희와 함께 올라가지 아니하리니 너희는 목이 곧은 백성인즉 내가 중로에서 너희를 진멸할까 염려함이니라"(출 33:3).

하나님은 모세에게 자신이 약속했던 땅, 이스라엘이 유업으로 얻고자 수백 년을 기다려 온 그 땅으로 백성을 데려가라고 말씀하셨다. 하나님은 모세에게 천사의 호위까지 약속하셨다. 단, 자신은 함께 가지 않겠다고 하셨다.

모세는 얼른 대답했다. "주께서 친히 가지 아니하시려거든 우리를 이곳에서 올려 보내지 마옵소서"(출 33:15). 모세는 대답을 망설이거나 흥정하지 않았다. 그는 하나님의 임재 없이 풍요롭고 기름진 땅에 들어가기보다는, 훨씬 불편한 마른 사막일지라도 하나님의 임재 안에 있고자 했다. 다시 생각해 볼 것도 없었다.

하나님 없이 약속의 땅에 들어가는 안(案)이 이스라엘 자손 앞에 제시되지 않아 다행이다. 어려울 때마다 애굽 귀환을 들먹이며 불평했던 그들 아닌가. 하나님 없이 그 땅에 들어가는 것을 그들이 마다했을 리가 없다. 그들은 무엇이든 자신들에게 가장 좋은 것을 상으로 여겼다. 세상도 그렇다. 사람들은 "나한테 제일 좋은 것이 무엇인가?"만 생각한다.

그러나 모세에게 있어서 하나님의 임재가 빠진 약속은 무의미했다. 그는 하나님의 제의를 거부했다. 훨씬 편안한 삶이 뒤따르겠지만, 자신의 심장을 뜨겁게 하는 것이 빠져 있었기 때문이다. 그는 무엇보다 하나님을 알기 원했다. "내가 참으로 주의 목전에 은총을 입었사오면 원컨대 주의 길을 내게 보이사 내게 주를 알리시고"(출 33:13).

그는 땅이나 부나 명예 같은 가시적 재산을 구하지 않았다. 애굽에서 모든 것을 다 가져 봤기에 그것이 참 만족을 주지 못함을 알고 있었다. 하나님의 임재 없는 약속의 땅 제의를 거부하자마자 그의 심령에서 터져 나온 외침은 "주의 영광을 내게 보이소서"(출 33:18)였다.

모세의 결정은 단호했다. 그는 하나님을 아는 상을 추구했다. '하나님의 영광'이라는 상에 비하면 세상을 등지는 것은 아무것도 아니었다. 세상에서 얻을 수 있는 상을 버리기로 결단했기에, 그는 산에 올라 하나님께 가까이 갈 수 있었다. 그러나 백성은 거룩하신 하나님께 가까이 나아갈 수 없었다. 그들 속에는 여전히 애굽 욕심이 있었다. 그들의 마음은 세상과 분리되지 않았고, 그 결과 세상에 속한 것과 하나님께 속한 것을 분리할 줄 몰랐다.

하나님을 친밀하게 아는 것과 세상 쾌락, 둘 다를 원하면 하나님의 형상이 왜곡된다. 그분을 진정 알지 못한다. 다른 예수를 알게 된다. 이스라엘 자손은 하나님의 구원을 원했으나 애굽에 있는 것들도 함께 원했다. 그들이 "애굽 사람과 동침하매… 그때부터 행음함을 마지 아니한" 이유가 거기에 있다. 그들은 세상을 본받았다. 그들 안에 애굽 욕심이 똬리를 틀고 있었다. 하나님의 강한 능력이 그들을 애굽에서 건져냈음에도 불구하고 그들은 애굽을 떨치기로 결단하지 않았다.

그분께 가려면 세상 방식을 버리라

모세와 이스라엘 백성을 구별짓는 요인은 삶의 내적 동기였다. 모세는 하나님을 원했고 그분을 알기 위해서라면 어떤 대가도 기꺼이 치르려 했다. 그러나 이스라엘 백성은 무조건 자기한테 좋은 것을 원했다. 하나님 방법대로 사는 삶의 유익이 육체적 오감에 분명히 느껴지면 즐거이 그것을 받아들였지만, 그렇지 않으면 무조건 좋아 보이는 것 쪽으로 기울었다. 하나님을 알면 항상 우리에게 최선인 결과가 따른다. 하나님은 온전한 사랑이시기 때문이다. 그러나 그 결과가 육체적 오감에 분명히 느껴지지 않을 때가 많다.

모세는 하나님을 그분 모습 그대로 사랑했다. 이스라엘은 하나님을 자기들한테 유용한 존재로 사랑했다. 그분의 행사가 자기들 욕심을 채워 주지 못하면 그들은 더 좋아 보이는 쪽으로 이동했다. 이스라엘의 인생관은 세상이 제시하는 동기 부여와 별로 다르지 않다. 요한은 "이는 세상에 있는 모든 것이 육신의 정욕[욕심]과 안목의 정욕[욕심]과 이생의 자랑이니 다 아버지께로 좇아 온 것이 아니요 세상으로 좇아 온 것이라"(요일 2:16)고 선포했다.

세상 사람들은 자신의 감각이나 지위를 즐겁게 채워 주는 것을 욕심 낸다. 이스라엘도 그렇게 살았다. 하나님께 대한 순종에 당장 이득이 보이면 달게 순종했다. 모세와 이스라엘은, 오늘 교회를 구성하고 있는 두 부류 사람들에 대한 완벽한 예시다. 그 근본적 차이가 교회의 분수령이다. 진정한 예배자들과 예수를 '주'로 고백하되 자기를 구하는 자들이 거기서 가려진다.

이제 우리는 신약의 예수님 말씀을 좀더 분명히 이해할 수 있다.

> 무리와 제자들을 불러 이르시되 "아무든지 나를 따라오려거든 자기를 부인하고 자기 십자가를 지고 나를 좇을 것이니라. 누구

든지 제 목숨을 구원코자 하면 잃을 것이요 누구든지 나와 복음을 위하여 제 목숨을 잃으면 구원하리라"(막 8:34-35).

십자가는 내 욕심과 뜻에 대한 완전한 죽음을 가리킨다. 십자가를 끌어안는 이들은 하나님이 신실하고 의롭고 사랑 많으신 창조주요 주인이심을 믿는다. 모든 삶이 그분에게서 나오며 그분 바깥에는 참된 삶이 없음을 그들은 안다.

모세는 큰 그림을 보았으나 이스라엘은 자기들밖에 보지 못했다. 모세는 하나님이 거룩하신 분이며 그분께 가까이 가려면 세상과 세상 방식을 온전히 버려야 함을 알았다. 자신을 부인할 때 하나님에 대한 지식을 얻게 됨을 그는 깨달았다. 바울도 큰 그림을 보았다. 두 교회에 보낸 다음 글에 인생을 사는 그의 핵심 동기가 나타나 있다.

> 그러나 내게는 우리 주 예수 그리스도의 십자가 외에 결코 자랑할 것이 없으니 그리스도로 말미암아 세상이 나를 대하여 십자가에 못박히고 내가 또한 세상을 대하여 그러하니라(갈 6:14).

> 그러나 무엇이든지 내게 유익하던 것을 내가 그리스도를 위하여 다 해로 여길 뿐더러 또한 모든 것을 해로 여김은 내 주 그리스도 예수를 아는 지식이 가장 고상함을 인함이라. 내가 그를 위하여 모든 것을 잃어버리고 배설물로 여김은 그리스도를 얻고 (빌 3:7-8).

그는 속지 않았다. 그는 세상에 욕심이 없었다. 세상 쾌락과 유익을 버리는 것은 감히 치러야 할 대가라고 말할 수도 없다. 생명이신 주님을 알고 그분과 동행하는 이 더할 나위 없는 기쁨에 비하면.

A HEART ABLAZE

Part 2
하나님의 불을 경험하라

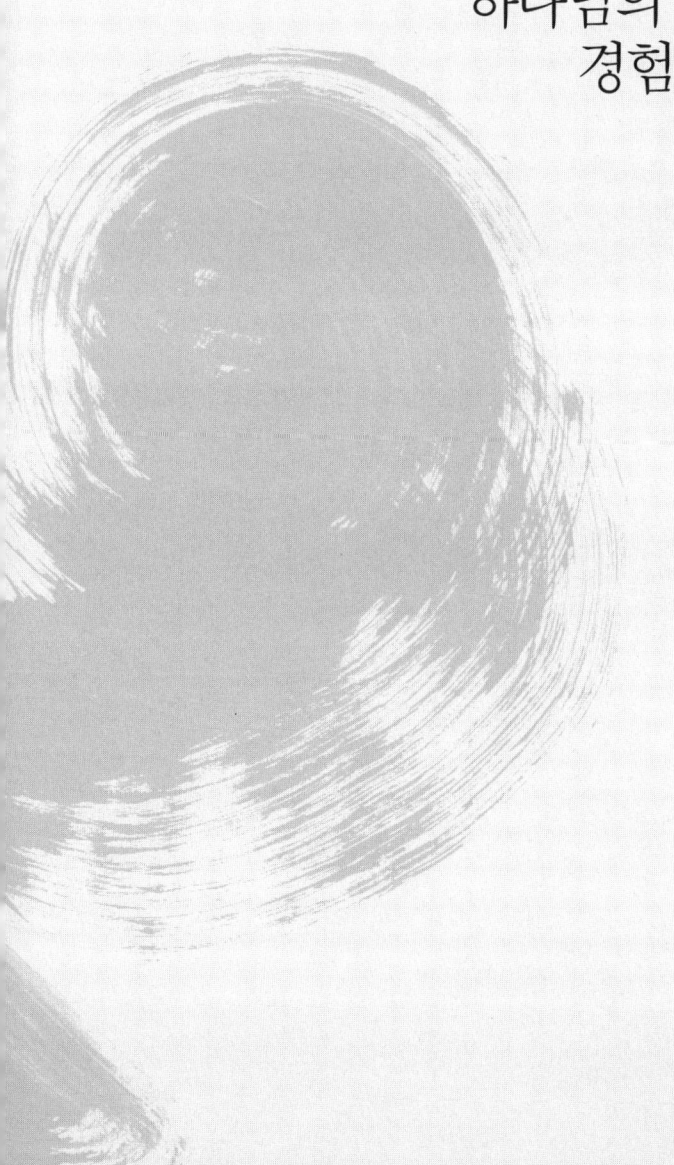

CHAPTER 7

세상 문화를 넘어서라

우리는 세상 방식이나 관행을 본받아서는 안 되며
세상 사람들처럼 행동해서도 안 된다.

    백성은 산에 강림하신 하나님을 감당할 수 없었다. 하나님의 영광이 나타나기 전만 해도 그들은 그분께 대한 열망을 고백했으나 실제로는 그렇지 못했다. 그들은 마음속으로 애굽과 분리되지 못했고, 애굽 방식에 대한 욕심을 버리지 못했다. 그러나 애굽의 풍속이나 관행과 유사한 틀 안에서 '하나님'이 제시되자 그들은 반색했다. 자신들의 참 욕심인 애굽과 하나님을 둘 다 가질 수 있었기 때문이다. 그들은 애굽을 본받는 상태에 머물면서 야훼까지 얻으려 했다!

    각종 생활방식의 무수한 틀과 관행은 세상 영을 통해 빚어진다

(성경은 사탄을 '공중의 권세 잡은 자' [엡 2:2], '이 세상 신' [고후 4:4]으로 지칭한다). 우리는 하나님의 임재에 가까워지는 삶을 바라면서 세상 방식은 반드시 버려야 한다. 그렇지 않으면 우리는 세상을 지배하는 영의 영향력 쪽으로 계속 끌리게 돼 있다. 하나님은 명하신다. "너희는 그 거하던 애굽 땅의 풍속을 좇지 말며… 풍속과 규례도 행하지 말고"(레 18:3).

우리는 세상 방식이나 관행을 본받아서는 안 되며 세상 사람들처럼 행동해서도 안 된다. 바울이 그 점을 강조한다. "너희는 이 세대를 본받지 말고 오직 마음을 새롭게 함으로 변화를 받아"(롬 12:2).

하나님 나라와 이 세상의 길은 방향이 정반대다. 예수님이 지적하신 것처럼 둘 사이에 조화란 없다. "세상이 너희를 미워하면 너희보다 먼저 나를 미워한 줄을 알라 너희가 세상에 속하였으면 세상이 자기의 것을 사랑할 터이나 너희는 세상에 속한 자가 아니요 도리어 세상에서 나의 택함을 입은 자인 고로 세상이 너희를 미워하느니라"(요 15:18-19).

예수님은 우리를 택하여 세상적인 삶의 방식에서 나오게 하셨다. 그래서 세상이 우리를 미워한다고 그분은 설명하신다. 하지만 세상은 정말 우리를 미워하고 있는가? 지난 수십 년간 교회는 마치 예수님의 이 말씀이 틀렸음을 입증하려 애써 온 것 같다. 우리는 세상에 들어맞기 위해 최선을 다해 왔다. 우리는 세상의 인정과 예수님의 인정을 다 받을 수 있다고 무의식 중에 믿어 왔다! 그러나 예수님은 우리가 세상에 속해야만 세상이 우리를 사랑한다고 말씀하신다. 그러니 우리는 잘 맞아서는 안 되는 곳에 속하려 애써 온 것이 아닌가?

세상보다 큰 자는 세상에 탐낼 것이 없다

나는 초대교회, 대부분 2세기와 3세기 교회에 대한 글을 꽤 읽었다. 그러면서 그들과 우리 사이의 커다란 차이를 발견했다. 그들의 두드러진 특징은 분리된 생활방식이었다. 아무도 그들에게서 세상의 풍속과 관행과 방식을 찾을 수 없었다. 그들은 주변 사회와 완전히 달랐다. 완전히 다른 원리와 가치관 밑에 살았기 때문이다. 하나님 말씀이 진정 그들의 삶을 빚었다.

초대교회 신자들에 대한 불신자들의 보고에 따르면, 그리스도인들은 지역 사회 안에 나그네로 거했고 비록 육신 안에 살았지만 육신을 좇아 살지 않았다. 그들은 법규정을 준수했으나 동시에 그들의 삶은 오히려 법을 능가했다. 그들은 쾌락, 공공 스포츠 행사, 오락에 별 관심이 없었다. 그들은 모든 사람을 사랑하고도 모두에게 핍박받았다. 그들은 굴욕당했지만 그 굴욕을 영광으로 알았다. 그들을 미워하는 자들은 미움의 구실을 찾아낼 수 없었다.

지금 우리를 미워하는 자들은 큰 수고 없이도 미움의 정당한 이유들을 댈 수 있다. 초대 그리스도인들에 대한 이런 보고는 현대 교회의 극히 일부에만 적용될 수 있다. 우리는 사역의 모든 차원에서 수많은 스캔들을 일으켜 왔다. 이런 비참한 사건들이 발생하는 것은 우리의 사리사욕 때문이다. 많은 교인들뿐 아니라 교회 지도자들까지 세상 쾌락과 보화를 좇으며 물질만능주의의 삶을 살고 있다. 우리는 세상이 추구하는 것과 똑같은 영화, 오락, 재미를 좇아 줄서는 것을 전혀 대수롭지 않게 생각한다.

시프리안(Cyprian)은 40세에 예수님께 삶을 드린 아주 부유한 로마인이다. 그는 그리스도를 만난 것이 너무 기뻐 자기 재산을 다 처분해 가난한 자들에게 나눠 주었다. 나중에 그는 교회 감독이 되었는데, 이런 글을 썼다.

> 평화롭고 믿을 만한 유일한 평온, 확실하고 견고하고 결코 변치 않는 유일한 안전은 이것이다. 인간이 이 세상의 혼란에서 벗어나, 구원의 견고한 터에 머물며, 땅에서 하늘로(하나님의 산으로) 눈을 드는 것이다… 실제로 세상보다 큰 자는 이 세상으로부터 아무것도 탐할 수 없고 아무것도 욕심 낼 수 없다.
>
> —도나투스에게 보낸 시프리안의 편지, 14장

초대 그리스도인들은 이 세상과 다음 세상이 서로 적이라고 믿었다. 따라서 우리는 둘 다의 친구가 될 수 없다. 야고보가 정곡을 찔렀다. "간음하는 여자들이여 세상과 벗된 것이 하나님의 원수임을 알지 못하느뇨 그런즉 누구든지 세상과 벗이 되고자 하는 자는 스스로 하나님과 원수 되게 하는 것이니라"(약 4:4).

그는 이 세상을 즐기려 하는 자들을 왜 간음하는 자들이라 불렀을까? 간음하는 자는 서약을 맺은 배우자가 있는데도 다른 사람과의 관계를 탐한다. 우리 신자들은 하나님과 서약을 맺었다. 그러니 세상의 풍속과 관행과 방식을 좇으려 욕심 낼 까닭이 무엇인가? 우리도 옛 이스라엘과 다를 바 없는 것 아닐까? 그들은 하나님을 본받는 특권을 위해 애굽의 욕심을 포기할 뜻이 없었다.

주님에 대한 열정이 쾌락보다 강했던 사람들

초대교회는 반문화였다. 그러나 오늘의 교회는 다분히 하부문화다. 차이는 무엇인가? 반문화란 사회의 지배적 가치관과 행동 양식을 거부 내지 역류하는 생활방식이다. 초대교회는 그렇게 사는 사람들의 집단이었고, 완전히 다른 지침이 그들의 삶을 지배했다. 베드로는 초대 회심자들에게 "이 패역한 세대에서 구원을 받으라"(행 2:40)고 말했다. 「메시지」는 이 말을 다음과 같이 표현하여 의미를 강조했다. "할 수 있을 때 나오라. 이 병들고 미련한 문화에서 나오라!"

반면 하부문화란 특이하긴 하되 여전히 전체 기존 문화의 일부다. 이 문화 집단의 구성원들은 몇몇 특성으로 구별되지만 그래도 사회 전반과 맞물려 있다. 오늘의 교회가 이 기준에 부합된다. 우리는 '거듭났다' '구원받았다' 따위의 딱지를 붙인다. 복음주의, 개혁주의, 카리스마 등 각종 집단이나 진영에 속해 있지만 세상 사회와 끈끈하게 묶여 있다.

우리 사회에는 아주 다양한 생활방식을 지닌 사람들이 한데 어울려 살아간다. 현대인의 생활방식을 그래프로 그려 본다면, 한쪽 끝에 극단적 자유주의자들이, 반대쪽 끝에 보수주의자들이 있고 그 사이에 다양한 부류들이 놓일 것이다. 자유주의 극단에는 록 스타, 예술가, 기타 옷차림이 희한한 사람들이 있다. 게이나 레즈비언들도 있다. 이들은 사적으로나 공적으로나 외설적 행동을 하며 예외적인 삶을 살아간다. 머리를 이상한 색으로 물들이거나 피부를 탈색시키는 이들도 있다. 변태적 생활방식을 영위하는 이들도 있다. 우리는 이들을 사회의 극단적 진영으로 여긴다. 대다수 교회는 절대 그들을 흉내내려 하지 않을 것이다.

반면 보수적인 사람들이 있다. 이들은 대부분 사람들이 정상으로 여기는 삶을 살아간다. 이 사회 진영은 스스로 '좋은' 사람들임을 자처하지만 실은 '공중의 권세 잡은 자'의 영향력 아래 있는 문화와 깊이 연계돼 있다. 때로 '좋은' 것은 하나님의 최대 적이다. 하와는 좋아 보이는 쪽을 택했지만, 그것이 하나님의 길에 철저히 어긋나는 것이었음을 잊지 말라.

오늘날 신자들은 하나님 나라의 통치 권위 아래서 완전히 분리된 삶을 사는 것이 아니라, 보수적인 불신자들과 비슷하게 살아간다. 스스로 세상에 속하지 않았다고 말하지만 많은 이들에게 있어 그것은 실제가 아니라 이론이다. 우리는 사회와 얽혀 있기에 사회의 경계선이 바뀔 때마다 우리도 같이 바뀐다.

하나님 말씀은 신자들에게 "악은 모든 모양이라도 버리라"(살전 5:22)고 가르친다. 또 성경은 우리에게 "너희는 열매 없는 어두움의 일에 참예하지 말고 도리어 책망하라 저희의 은밀히 행하는 것들은 말하기도 부끄러움이라"(엡 5:11-12)고 권면한다. 그러나 우리는 이런 경고에 주의를 기울였던가?

현대의 영화 산업은 영화에 등급을 매긴다. 대다수 신자들은 보수적인 불신자들과 마찬가지로 지나친 욕설이나 신체 노출만 없다면 PG-13(13세 미만 보호자 동반)등급 영화 보는 것에 대해 아무렇지도 않게 생각한다. 그러나 지나친 욕설이나 신체 노출이 없다 해도 그런 영화들 중 다수는 경멸, 분노, 증오, 폭력, 혼외정사 암시 등으로 가득 차 있다. 많은 신자들이 그런 불경한 행동들을 별 생각 없이 볼 것이다.

그러나 똑같은 PG-13 등급 영화를 1940년대 이 나라 사람들에게 보여 준다면 어떨까? 그들 대부분은 내용에 질겁할 것이다! 그 사이 무슨 일이 벌어졌길래? 세상의 경계선이 바뀐 것이다. 교회의 경계선도 따라서 움직였다. 1940년대에 불신자들을 경악하게 했을 것들이 오늘 대다수 교회 신자들에게 정상으로 통하고 있다. 우리는 하나님 나라의 방식에 지배당한 것인가? 아니면 애굽의 욕심에 휘둘린 것인가?

하나님 나라의 길과 기준은 불변한다. 하나님이 변치 않으시기 때문이다. 성경은 그분께 회전하는 그림자가 없다고 선포한다. 하나님은 우리에게 악은 어떤 모양이라도 버리라고 명하시며, 불경한 자들의 행하는 것들은 말하기도 부끄럽다고 하신다. 그런데 왜 우리는 패역한 현 세대가 빚어 낸 문화와 풍속을 보려고, 줄서고 구독하고 돈을 내는 것인가? 한 친구가 깊이 기도하던 중 주님의 애절한 질문을 들었다고 내게 말했다. "내 백성이 왜 내 손에 못을 박았던 그 일들로 즐거움을 찾고 있는가?"

오락 산업 실무자들과 결정권자들에게 분별력이 있을까? 하나님이 그 백성에게 구하시는 열매를 그들이 알까? 그렇다면 왜 우리는 영적 분별력이 아닌 업계의 등급에 의존하는 것인가? 지난 20년간 하나님이 변하여 이 세대의 추세에 동조하고 계시단 말인가? 천만의 말씀이다! 하나님의 기준이 변하지 않았는데 왜 신자들의 기준은 변했는가? 우리 생활방식의 기반을 하나님 나라가 아닌 세상 문화에 놓았기 때문이다. 우리는 애굽 욕심을 버리지 않았다. 이런 습성은 옷차림, 헤어 스타일, 돈을 다루는 법, 사업하는 방식, 정치적 견해 등 삶의 모든 영역에 확연히 나타난다.

초대 교인들은 하나님 나라의 방식을 본받았기 때문에 주변 문화의 불경한 태도와 풍속과 오락을 거부할 수 있었다. 그들은 굶주린 교회였다. 그들은 안락이나 쾌락에 대한 욕심보다 구주를 알고자 하는 욕심이 더 컸다. 그들 대다수에게 문화의 유혹은 아무런 힘이 없었다. 주님을 향한 그들의 열정 때문이었다. 모든 것을 버린다는 대가도 구주를 아는 상급에 비하면 아무것도 아니었다. 그들은 그렇게 고백했을 뿐 아니라 그대로 살았다. 이 생활방식이 그들 가운데 건강한 훈련을 낳았다.

게다가 초대 신자들은 이후의 일부 교단이나 단체들이 흔히 그랬듯 과도한 계율이나 법칙, 규정을 통해 거룩함을 법제화하려 하지 않았다. 그들은 건전한 교리, 성령의 참된 인도, 경건한 모본, 섬김의 견고한 헌신에 의존했다. 외적 규율에 의존해 거룩함을 이루려는 교회들은 대개, 종교적 율법주의자들을 양산하는 결과를 낳는다. 그러나 초대교회는 변화된 심령의 중요성을 강조했다. 경건한 생활방식은 그 열매였다. 내면적 실체의 표출이 아닌 외면적 행위는 무용지물로 간주됐다.

하나님의 임재 향한 열정은 어디로 갔는가?

오늘 우리는 텔레비전, 비디오, 잡지, 신문 등을 통해 세상을 가정 속으로 불러들였다. 나는 아이들 방 벽에 운동선수들 포스터와 영화배우들 사진이 걸려 있고 신자들의 집에 연예계 스타나 사회 유명인들이 실린 잡지가 놓여 있는 것을 보며 슬퍼한 적이 한두 번이 아니다. 왜 우리는 사회가 우상화하는 이 사람들을 떠받들고 있는가?

우상에 대해 말하면서 바울은 이렇게 경고했다. "너희가 주의 잔과 귀신의 잔을 겸하여 마시지 못하고 주의 상과 귀신의 상에 겸하여 참예치 못하리라." 왜 우리는 세상이 먹는 것을 먹고 싶어하는가? 바울은 "우리가 주를 노여워하시게 하겠느냐"고 덧붙였다(고전 10:21-22). 왜 우리는 세상이 흥미 있어 하는 것에 그토록 흥미를 가지는가?

오래 전부터 우리 가족은 한 유명한 프로레슬링 선수와 알고 지냈다. 그의 가족은 여러모로 하나님의 만지심을 입었다. 어머니와 자녀들과 친척이 구원받았고, 선수 자신도 우리한테서 복음을 들었다. 그는 예수님을 따르는 데 치러야 할 값이 있다는 것을 안다. 그는 아직 모든 것을 내려놓고 예수님을 따를 의향이 없다. 어떤 면에서 나는 정직한 그를 존중한다. 많은 교인들이 말로는 모든 것을 버리고 예수님을 따르겠다고 해놓고 그 말에 책임지지 않기 때문이다.

나는 전국 각지의 수련회와 교회 집회에서 영적 힘에 관한 말씀을 전할 때 그 레슬링 선수를 예화로 들곤 한다. 그런데 집회가 끝난 후, 사람들이 다가와 흥미 가득한 눈으로 그가 누구인지 물어볼 때면 억장이 무너지는 것 같다. "그 사람이 누군지 어째서 알아야 합니까? 당신은 어쩌자고 그동안 프로레슬링을 본 것입니까?" 그렇게 외치고 싶지만 참는다. 하지만 참지 말아야 할지도 모른다. 나는 그 레슬링 선수를 아주 귀히 여기지만 차마 그가 나오는 프로그램을 볼 수는 없다. 그 행위에 어둠이 차고 넘치기 때문이다. 나는 생각한다. '어떻게 신자들이 이것을 꾸준히 볼 수 있을까? 하나님의 임재에 대한 그들의 열정은 어디 있는가?'

그분의 성전인 내 자신을 어둠에 내줄 때

얼마 전 나는 정신이 번쩍 드는 사건을 경험했다. 그 일은 이 책의 메시지에 대한 내 열정에 불을 붙여 주었다. 나는 한 교회에서 하나님을 구하는 것에 대해 말씀을 전했다. 예배에는 성령이 강하게 임했고 많은 사람들이 깊은 감화를 받았다.

이튿날은 내가 쉬는 날이었는데, 그 교회 목사가 교제의 시간을 마련하고 모든 리더들을 초청했다. 우리는 먹고 얘기했다. 대화는 자연스럽게 전날 예배 때 그들에게 임했던 하나님의 손길에 관한 것이었다. 저녁 식사 후 우리는 영화를 보기로 했다. 마침 누군가 당시 크게 유행했던 영화 비디오를 갖고 있었다. 나는 주인공이 연기를 잘하는 사람이라고 생각했고 그래서 비록 PG-13 등급이었으나 보고 싶다고 거리낌없이 말했다.

영화가 시작되자마자 생생한 살인 장면이 나왔다. 약간 반감이 들었으나 나는 계속 보기로 했다. 영화에 살인은 더 이상 없었지만 싸움과 증오와 격분, 원한과 사기가 계속 줄을 이었다. 보면서 마음속에 경계심이 느껴졌다. 조금 전까지만 해도 우리는 생명과 빛을 느끼며 하나님의 일들을 얘기하고 있었는데, 이제 어둠에 우리 자신을 열어 주고 있다는 생각이 떠나지 않았다. 내가 형편없는 증인이 되고 있다는 생각도 들었다.

마침 배우가 살인 사건을 회상하는 장면에서, 내 아들 중 하나가 방에 들어왔다. 아들은 기겁했다. 그는 방에서 달려나갔고, 마음이 어지러워져서 위안을 받기 위해 제 형과 함께 엄마를 찾아갔다(아내는 영화 초반부에 방을 나갔었다). 그는 자기 아버지가 그런 영화를 볼 수 있다는 것이 이해가 안 갔다. 아이는 물었다. "엄마, 저 영화는 PG-13 아니면 R(17세 미만 부모 동반)이에요. 아빠가 왜 저걸 보고 있어요?"

영화가 끝나자 나는 더럽혀진 기분이었다. 나는 내가 어리석은 일을 했음을 알았다. 지도자들과 헤어졌고, 그 여정 중 다시는 그들을 보지 못했다. 그렇게 헤어지다니 얼마나 기막힌 일인가! 나는 아내에게 사과했다. 아내는 아들이 한 얘기를 들려주었다. 이튿날 두 아들에게도 사과하며 내 잘못을 고백했다. 나는 하나님과 아이들과 지도자들에게 죄를 범한 것이다. 그들은 큰 은혜로 나를 용서했지만 내 마음은 여전히 힘든 상태였다.

그러고 나서 우리는 나와 아주 절친한 한 경건한 부부의 집에 묵었다. 1970년대 말 내가 처음 거듭났을 때 내 삶에 영향을 끼치고 나를 양육해 준 이들이었다. 퍼듀 대학교 연구원인 남편은 많은 이들을 주님께 인도했고 많은 학생들을 주 안에서 자라도록 도왔다. 그는 하나님 나라의 일들에 관해 얘기하는 것을 좋아했다.

그런데 내 아들이 그 부부에게 자기 아버지가 목사 집에서 보았던 영화 얘기를 했다. 나는 나중에 아내를 통해 그 사실을 알았다. 그들은 아주 순결한 이들이었다. 내 오랜 친구들이 나의 그런 행동을 알았다는 것이 몹시 부끄럽고 슬펐다.

나는 즉시 주님께 기도했다. 하나님은 더없이 분명한 말씀으로 내게, 그것이 정신차리라는 경고임을 일러주셨다. 그 부부에게 그런 모습을 보인 것에 대해 내가 그렇게 슬펐다면, 그분의 성전인 나 자신을 어둠에 내줄 때 하나님 마음은 어떠했겠는가? 걷잡을 수 없는 슬픔이 밀려왔다. 하나님의 은혜와 자비와 용서를 인해 감사드린다!

자신의 의로운 심령에 고통을 주는 선택

이 사건을 통해 주님은 세상과 분리되는 것이 우리 책임이라는 진리를 보여 주셨다. 언제나 그렇듯, 그분의 계시는 내 생각과 생활방식을 바꿔 놓았다. 며칠 후 주님은 아브람의 조카 롯의 삶을 통해 그 진리를 한층 더 선명하게 예시해 주셨다.

하나님은 아브람에게 본토 친척 아비 집을 떠나라고 명하시며,

아브람으로 큰 민족을 이루고 복을 주겠다고 말씀하셨다. 아브람은 떠났다. 그의 조카 롯도 따라갔다. 이들의 떠남은 모세와 이스라엘이 애굽을 나온 것처럼 구원의 모형이다. 아브람은 계시를 받아 본토를 떠났으나 롯은 그렇지 않았다. 아브람의 동기는 모세와 같지만 롯은 이스라엘 자손들에 더 가까웠다.

아브람과 같이 떠난 결과 롯은 하나님의 복을 받았다. 아브람은 번성하여 육축과 은금이 풍부해졌고(창 13:2), 아브람의 동행 롯도 양과 소와 장막이 풍부해졌다(창 13:5 NLT). 그러나 자기 이익을 구하는 자가 하나님을 구하는 자와 동행할 때는 충돌이 생기게 마련이다. 육신은 언제나 영에 저항하며 결국 영을 대적하기 때문이다. 그래서 성경은 "아브람의 가축의 목자와 롯의 가축의 목자가 서로 다투"(창 13:7)었다고 말한다. 하나님 마음을 좇는 자 아브람은 조카에게 이렇게 말했다.

> 우리는 한 골육이라. 나나 너나 내 목자나 네 목자나 서로 다투게 말자. 네 앞에 온 땅이 있지 아니하냐? 나를 떠나라. 네가 좌하면 나는 우하고 네가 우하면 나는 좌하리라(창 13:8-9).

아브람의 마음은 하나님을 좇았다. 사사로운 이득은 더 이상 그의 삶에서 동인(動因)이 되지 못했다. 세상이 줄 수 있는 것들이 더 이상 중요하지 않았고, "하나님의 경영하시고 지으실 터가 있는 성을 바랐"(히 11:10)기 때문이다. 그의 시선은 영원한 것에 있었다. 알짜배기 땅을 선택하는 것은 그에게 중요하지 않았다.

이스라엘 자손처럼 구원은 받았으되 하나님께 열정이 없는 자들은 이 세상 체제 속에서 자기에게 가장 좋은 것을 구한다. 그들의 상급이 거기 있기 때문이다. 아브람은 양보하여 롯에게 땅의 선택권을 주었다.

이에 롯이 눈을 들어 요단 들을 바라본즉 소알까지 온 땅에 물이 넉넉하니 여호와께서 소돔과 고모라를 멸하시기 전이었는고로 여호와의 동산 같고 애굽 땅과 같았더라. 그러므로 롯이 요단 온 들을 택하고 동으로 옮기니 그들이 서로 떠난지라. 아브람은 가나안 땅에 거하였고 롯은 평지 성읍들에 머무르며 그 장막을 옮겨 소돔까지 이르렀더라(창 13:10-12).

롯이 택한 땅은 아주 좋아 보였다. 그 펼쳐진 땅에서 번성과 안락이 자신을 기다리는 것처럼 보였을 것이다. 그들이 전에 그 지경을 통과했기 때문에(창 13:3) 그곳은 롯에게 낯익은 땅이었다. 그는 필시 "소돔 사람은 악하여 여호와 앞에 큰 죄인이었더라"(창 13:13)는 사실도 알았을 것이다. 어쩌면 그래서 '눈을 들어' 바라봤는지도 모른다. 아마도 그는 그 땅에 있는 복과 악을 저울질한 것이 아닐까 생각된다. 그러나 그의 내면에는, 아브람에게 있던 하나님을 향한 열정보다 '행복한 삶'에 대한 욕심이 더 많았다. 그래서 롯은 그 땅의 악함을 간과했다. 그는 자신이 거기에 물들지 않을 수 있다고 자신했을 것이다.

그가 "장막을 옮겨 소돔까지[근처에] 이른" 것은, 악한 사회 중

심부와 좀 떨어져 있으려는 생각이었을 것이다. 그는 다분히 오늘의 많은 신자들처럼 행동했다. 그들은 생각한다. '세상 체제에 약간 발 딛는 것쯤이야 어떤가. 나는 악한 것들과 거리를 두어 그 안으로 빨려들지 않을 수 있다.' 이것은 그야말로 미련한 생각이다! 세상에는 유혹이라고 하는 마력이 있다. 당신에게 사리사욕이 조금이라도 있다면, 세상은 당신을 빨아들일 것이다. 자석이 다른 물체는 놓아 두고 금속만 끌어당기는 것처럼 말이다.

소돔 성과 거리를 두려던 롯의 의도는 선했을지 모르나, 얼마 후 그는 성 근처 장막을 떠나 소돔 성 안에 있는 집으로 이사했다!(창 19:1-3) 그는 거기로 끌려 들어갔다. 이기적인 욕심이 그를 끌어들였을 것이다. 그러나 신약성경은 무법한 자의 음란한 행실을 인해 그의 의로운 심령이 고통당했다고 말한다. "이 의인이 저희 중에 거하여 날마다 저 불법한 행실을 보고 들음으로 그 의로운 심령을 상하니라"(벧후 2:8).

그 주에 하나님이 내게 주신 계시를 나는 잊지 않을 것이다. "불법한 행실을 보고 들음으로"라는 말이 내게 다가왔다. 그들의 불법한 행실을 보고 들음으로 롯의 의로운 심령은 고통스러웠다. 당신은 생각할지 모른다. '나는 날마다 불법한 행실을 보고 듣는다. 직장에서, 학교에서, 공공장소에서 보고 듣는다. 내 심령의 고통을 어떻게 막을 수 있단 말인가?'

주님은 내게 그 열쇠를 보여 주셨다. 당신이 필요한 일상사를 수행하기 위해 직장이나 학교나 기타 장소에 가는 것은 곧 선교지에 나가는 것이다. 하나님은 어두운 곳에 빛이 되라고 당신을 보내신

세상 문화를 넘어서라 • 137

다. 당신은 부흥 집회나 예배에 절대 발을 들여놓지 않을 그 사람들에게 다가가 예수님의 부활의 능력을 증거해야 한다. 그러나 당신의 심령은 그들의 불의한 행실을 봐도 롯처럼 고민하지 않는다.

롯은 자신의 사욕과 쾌락을 위해 악한 자들 근처에 살기로 선택했다. 신자인 당신이 불의가 난무하는 비디오를 보거나 세상 영에 젖은 잡지를 읽거나 악한 행실이 있는 오락 장소에 가기로 선택하는 것은, 자신의 의로운 심령에 고통을 주겠다는 뜻이다. 그러나 그보다 더 비참한 것은, 그렇게 함으로써 주님의 산에 다가가는 특권을 당신 스스로 박탈한 것이 된다는 사실이다.

세상과 떨어진 곳에서 쉬라

당신은 "하지만 예수님은 죄인들과 함께 먹을 줄 아셨다"고 항변할지 모른다. 그렇다. 맞는 말이다. 그분은 그들에게 복음을 전하시려 그 속에 들어가셨다. 우리도 그래야 한다. 그분은 오락이나 안식을 얻고자 거기 가신 것이 아니다. 당신은 물을 수 있다. "그렇다면 신자는 어디 가서 안식을 얻을 수 있는가?" 예수님은 한적한 곳으로 가셨다(막 6:31). 이것은 세상과 떨어진 곳을 뜻한다.

내가 제일 좋아하는 휴식처는 바닷가였다. 지금은 조용한 바닷가를 찾기 힘들다. 웬만한 바닷가에는 몸을 거의 다 노출시킨 사람들이 정욕에 불타는 영으로 활보한다(몸에 달라붙어 꽉 죄는 요즘 수영복을 1940년대에 등장시킨다면 어떨지 궁금하다. 보수적 불신자들조차 경악했을 것이다! 나는 결코 율법주의나 옛 사고방식을 내세우는 것이 아니다. 다만 우리가 생각보다 훨씬 더, 세상에 하부문화로 얽혀 있는 것이 아닌가 싶다). 요즘 나는 바닷가 대신 산이나 숲 또는 호수로 휴가를 간다. 그런 곳에서 내 영혼은 세상 흐름에서 벗어나 진정으로 쉴 수 있다.

일부 신자들은 왜 세상 풍속과 방식이 가장 적나라하게 통용되는 곳에서 오락이나 휴식을 취하려 하는 걸까? 우리는 휴양 중에 하나님의 임재에서 벗어나려 하는가 아니면 그분의 평화로운 임재를 누리기 위해 잠잠히 있고자 하는가? 스스로 구별하고 가까이 가는 자들이 그분의 임재를 경험할 것이라는 약속을, 우리가 잊고 있는 것은 아닐까?

이 장의 일부 내용은 다음 책 3-4장에서 영감을 얻은 것이다. David W. Bercot, *Will the Real Heretics Please Stand Up?*(Tyler, TX.: Scroll Publishing, 1989).

CHAPTER 8

은혜의 참뜻을 알라

은혜는 경건치 않은 것과 이 세상 욕심에서 벗어나
살아갈 수 있는 능력으로 표현되고 있다.
은혜는 하나님 앞에서 거룩한 삶을 살아가는 능력의 진수다.

구약성경에는 시대에 뒤떨어진 말씀이 전혀 없다. 예수님은 오히려 "내가 율법이나 선지자나 폐하러 온 줄로 생각지 말라 폐하러 온 것이 아니요 완전케 하려 함이로라"(마 5:17)고 말씀하신다. 구약을 모르고서야 어찌 그분이 완전케 하셨고 지금도 완전케 하고 계신 일을 알겠는가? 지금까지 자기 백성 가운데 거하시려는 하나님의 소원에 대해 구약의 배경을 살펴봤으니 이제 신약성경 바울의 말로 다시 돌아가자.

너희는 믿지 않는 자와 멍에를 같이 하지 말라. 의와 불법이 어찌 함께하며 빛과 어두움이 어찌 사귀며 그리스도와 벨리알이 어찌 조화되며 믿는 자와 믿지 않는 자가 어찌 상관하며 하나님의 성전과 우상이 어찌 일치가 되리요? 우리는 살아 계신 하나님의 성전이라. 이와 같이 하나님께서 가라사대 "내가 저희 가운데 거하며 두루 행하여 나는 저희 하나님이 되고 저희는 나의 백성이 되리라" 하셨느니라(고후 6:14-16).

하나님은 세 가지를 분명히 약속하신다. 첫째, 그분은 우리 가운데 거하시며 두루 행하실 것이다. 둘째, 그분은 우리의 하나님이 되실 것이다. 셋째, 우리는 그분의 백성이 될 것이다. 이것은 그분의 약속이지만 신약에서 기원한 것이 아니다. 바울은 여호와가 이스라엘에게 누차 하셨던 말씀을 반복하고 있다. 우리를 향한 그분의 소원은 똑같다. 언젠가 그분은 이스라엘에게 분명히 이렇게 말씀하셨다. "나는 너희 중에 행하여 너희 하나님이 되고 너희는 나의 백성이 될 것이니라"(레 26:12). 이것이 처음부터 그분의 소원이었다.

앞에서 본 것처럼 그분은 지금도 영광 중에 우리 가운데 거하실 뜻을 말씀하고 계시다. 성령은 사도 바울을 통해 신약 신자들에게도 동일하게 말씀하신다. 그러나 이스라엘의 경우처럼 이번에도 조건이 있다.

너희는 저희 중에서 나와서 따로 있고 부정한 것을 만지지 말라. 내가 너희를 영접하여 너희에게 아버지가 되고 너희는 내게 자녀가 되리라. 전능하신 주의 말씀이니라(고후 6:17-18).

조건은 모세와 이스라엘 자손의 경우와 다르지 않다. 우리는 세상 체제에서 분리돼야 한다. 우리가 순종하면 하나님은 우리를 영접하여 우리에게 자신을 드러내실 것이다! 그러나 순종하지 않는다면 우리 운명은 히브리인들의 경우보다 더 나쁠 것이다.

하나님은 모세에게 백성을 성결케 하라고 명하셨다. 그분을 위해 구별될 때 그들이 그분의 영광을 볼 수 있을 것이기 때문에. 우리에게도 똑같은 명이 주어졌다. 바꿔 말해 하나님은 이렇게 말씀하신다. "내가 너희를 세상에서 건졌다. 이제 너희 속의 세상을 떨쳐 내라!" 순종이 곧 그분의 영광을 보기 위한 준비다.

모세는 이스라엘에게 "옷을 빨라"고 명해야 했다. 그들은 애굽의 오물을 씻어 내야 했다. 성경은 우리에게도 똑같이 말한다. "그런즉 사랑하는 자들아 이 약속을 가진 우리가 하나님을 두려워하는 가운데서 거룩함을 온전히 이루어 육과 영의 온갖 더러운 것에서 자신을 깨끗게 하자"(고후 7:1).

우리는 육과 영에 묻은 더러운 것을 씻어 내고 자신을 깨끗하게 함으로 거룩함을 온전히 이루어야 한다. 이스라엘처럼 우리도 스스로 성결케 해야 하는 것이다. 바울은 "하나님이 너희를 씻어 주실 것"이라든지 "예수의 피가 너희를 씻어 줄 것"이라 말하지 않는다. 원어를 보면 의미가 더 확실하다. '온전히 이룬다'는 헬라어로 에피텔레오(*epiteleo*)인데, 테이어(Thayer) 헬라어 사전에는 "책임지고 끝내다, 성취하다, 완성하다, 수행하다, 마무리짓다"로 풀이돼 있다. 자신을 깨끗하게 하는 일은 시작부터 실천까지 우리 책임이라는 뜻이다.

물론 우리는 하나님의 은혜 없이는 절대 그 일을 할 수 없다. 은혜란, 하나님의 진리가 요구하는 것을 행할 수 있도록 하나님이 주시는 능력이다. 은혜는 하나님 말씀에 순종할 힘을 우리에게 준다. 그래서 바울은 이렇게 말했다.

> 우리가 하나님과 함께 일하는 자로서 너희를 권하노니 하나님의 은혜를 헛되이 받지 말라(고후 6:1).

뭔가를 헛되이 받는다는 것은 그 잠재력을 활용하지 않는다는 의미다. 내가 화산 근처에 살고 있다고 해 보자. 그런데 24시간 내에 화산이 폭발한다는 발표가 났다. 대중 교통 수단도 없고 차도 없는 나는 피할 길이 전혀 없다. 24시간 꼬박 걸어도 산에서 멀리 벗어날 수 없기 때문이다. 내 운명은 정해졌다. 그때 한 후덕하고 자애로운 사람이 내 딱한 처지를 보고 우리 집 문을 두드린다. 그는 내 손에 자동차 열쇠를 쥐어 주며 말한다. "이 차는 당신 것입니다. 당신은 이제 구원받았습니다."

나는 구원받은 것을 기뻐한다. 거의 빈털터리인 나는 절대 차를 살 수 없었다. 그런데 그 사람이 내게 공짜로 차를 준 것이다. 그 차를 타고 떠나면 나는 안전하다. 나는 친구들에게 전화해 감격스레 말한다. "난 이제 구원받았어! 난 죽지 않아! 이 재앙에서 벗어나라고 어떤 인정 많은 사람이 나한테 자동차를 줬단 말이야. 놀랍지 않은가?" 이어 나는 지도를 꺼내고, 자동차와 운전 기술에 대한 책까지 구입한다.

그러나 다음 24시간 동안 나는 그냥 집에 있다. 차에 올라 안전하고 자유로운 곳을 향해 달리지 않는다. 그리고 화산이 터진다! 나는 거기 파묻혀 죽는다…. 나를 안전한 곳으로 데려다 줄 선물이 주어졌건만, 그저 기뻐하기만 했지 행동을 취하지 않은 것이다. 내막을 아는 모든 사람은 후에 이렇게 말할 것이다. "그는 자동차를 헛되이 받았다."

하나님의 은혜를 헛되이 받는다는 것도 이와 같다. 그분이 거룩함을 통해 이 세상 덫에서 벗어날 능력을 우리에게 주셨는데도 우리가 그것을 무시한다는 뜻이다.

율법은 외적 구속이지만 은혜는 내적 변화다

현대 교회에는 한 가지 기만적 사조가 흐르고 있다. 그것은 은혜에 대한 불균형적인 가르침에서 유래된 것이다. 대개 사람들은 세상적 삶을 둘러대거나 덮고자 할 때 은혜를 들먹인다. 단도직입적으로 말하자면, 은혜가 사욕을 좇는 육신적 생활방식을 정당화하는 논리로 이용되고 있다. 하나님의 거룩함과 공의를 간과할 정도로 그분의 선하심만 지나치게 강조하는 기독교 집단들이 너무 많다. 이런 좌익 극단론 때문에 많은 사람들이 하나님의 은혜를 잘못 이해하고 있다. 따라서 많은 이들이 하나님의 은혜를 헛되이 받아 왔다.

하나님의 은혜는 단지 덮는 것이 아니다. 물론 은혜는 덮는다. 그러나 그 이상이다. 은혜는 우리에게 순종의 삶을 살아갈 힘과 능력을 준다. 산상수훈(마 5장)에서 예수님은 "옛 사람에게 말한 바… 하였다는 것을 너희가 들었으나 나는 너희에게 이르노니"(21-22절)라는 문구를 되풀이하신다. 이 장이 끝나기까지 같은 문구가 네 차례 더 계속된다(27-28절, 31-32절, 33-34절, 43-44절). 이것은 무슨 뜻인가? 예수님은 모세 율법의 요구 사항을 인용하고 계신 것이다. "…하였다는 것을 너희가 들었으나." 이어 예수님은, 하나님이 새 언약 아래 있는 신자들에게 바라시는 바를 소개하신다. "나는 너희에게 이르노니…." 그분은 모세 율법을 은혜와 진리에 대비시키신다.

요한은 말한다. "율법은 모세로 말미암아 주신 것이요 은혜와 진리는 예수 그리스도로 말미암아 온 것이라"(요 1:17). 예수님은 은혜를 도입하신 분이다. 은혜는 우리 안에 하나님의 능력을 부어 주어 율법의 죽은 공식에서 우리를 자유케 한다. 율법은 외적 구속이지만 은혜는 내적 변화다.

나는 종종 신자들이 구약 율법의 엄한 요건에 한숨지으며 자기들이 그런 엄격한 생활방식이 아닌 은혜 아래 있음에 안도하는 것을 본다. 나도 내가 더 이상 율법 아래 있지 않음을 크게 기뻐한다. 그러나 은혜를 거룩함에 대한 하나님의 기준이 더 느슨해진 것으로 받아들여서는 안 된다. 사실은 반대다. 은혜 아래 그분의 기준은 더 높아졌다!

산상수훈에 나오는 예수님의 비교들을 더 자세히 살펴보자.

옛 사람에게 말한 바 "살인치 말라. 누구든지 살인하면 심판을 받게 되리라" 하였다는 것을 너희가 들었으나 나는 너희에게 이르노니 형제에게 노하는 자마다 심판을 받게 되고 형제를 대하여 '라가!' 라 하는 자는 공회에 잡히게 되고 '미련한 놈!' 이라 하는 자는 지옥 불에 들어가게 되리라(마 5:21-22).

'라가' 라는 말은 '머리가 비었다' 는 뜻이다. 이것은 예수님 당시 유대인들 사이에 흔히 사용되던 비난의 말이었다. 형제를 미련한 놈이라 부를 만큼 분노가 치받치면 그 사람은 지옥의 위험에 처한 것이라고 예수님은 말씀하셨다. '미련하다' 는 말은 '하나님이 없다' 는 뜻이다. 미련한 자는 그 마음에 이르기를 하나님이 없다 한다(시 14:1). 형제를 미련한 놈이라 부르는 것은 심한 비난이었다. 분노를 넘어 증오에 이르지 않고는 아무도 그렇게 말하지 않는다. '라가' 나 '미련한 놈' 은, 요즘 말로 정색하고 "꼴 보기 싫어!" 하는 것에 비할 수 있다.

구약시대에는 실제로 사람을 죽여야 살인죄가 성립됐다. 그러나 신약의 은혜 아래서 하나님은 형제 미워하는 것을 살인과 동등하게 중죄로 여기신다. "그 형제를 미워하는 자마다 살인하는 자니 살인하는 자마다 영생이 그 속에 거하지 아니하는 것을 너희가 아는 바라"(요일 3:15).

율법 아래서는 상대에게 칼을 들이대야 죄가 됐다. 은혜 아래서는, 남을 증오하거나 용서하지 않거나 편견을 갖기만 해도 하나님의 은혜가 그 속에 거하지 않는다는 증거가 된다. 은혜를 무시했다는, 즉 은혜를 헛되이 받았다는 증거가 된다. 그렇다면 예수님은 은혜를 무조건 '덮는 것'으로 묘사하시는가? 아니면 우리의 거룩한 삶을 가능케 하는 그분의 능력으로 계시하시는가? 다음은 예수님의 또다른 비교다.

> 또 "간음치 말라" 하였다는 것을 너희가 들었으나 나는 너희에게 이르노니 여자를 보고 음욕[욕심]을 품는 자마다 마음에 이미 간음하였느니라(마 5:27-28).

옛 언약 아래서는 육체적 간음 행위를 해야 유죄 판결이 내려졌다. 그러나 새 언약 아래서 하나님은 남자가 마음속에 욕심을 품고 여자를 보기만 해도 간음으로 간주하신다. 율법 아래서는 행동이 있어야 했다. 은혜의 새 언약 아래서는 행동을 원하기만 해도 해당된다! 지금껏 교회가 가르치고 경험해 온 은혜가 정말 이런 것이던가? 이 은혜가 무조건 덮는 것처럼 들리는가? 아니면 거룩한 삶에 대한 하나님의 능력으로 들리는가?

은혜가 그저 덮는 것이라면, 예수님은 자신이 주고자 하신 바로 그 은혜에 상치되는 셈이다. 하지만 은혜는 그런 것이 아니다. "모든 사람에게 구원을 주시는 하나님의 은혜가 나타나 우리를 양육하시되 경건치 않은 것과 이 세상 정욕을 다 버리고 근신함과 의로움과 경건함으로 이 세상에 살고"(딛 2:11-12). 은혜는 경건치 않은 것과 이 세상 욕심에서 벗어나 살아갈 수 있는 능력으로 표현되고 있다. 은혜는 하나님 앞에서 거룩한 삶을 살아가는 능력의 진수다.

히브리서 기자는 우리에게 이렇게 권고한다. "은혜를 받자 이로 말미암아 경건함과 두려움으로 하나님을 기쁘시게 섬길지니"(히 12:28). 이번에도 은혜는 죄를 덮는 것이 아니라, 하나님이 기뻐하시도록 섬기게 해 주는 힘으로 정의된다. 은혜를 헛되이 받으면, 부정한 세상을 대하는 우리 심령에 아무 변화도 없다. 거룩함의 열매는 우리가 구원받은 증거다.

은혜는 순종할 능력을 준다

"하지만 성경에 '너희가 그 은혜를 인하여 믿음으로 말미암아 구원을 얻었나니 이것이 너희에게서 난 것이 아니요 하나님의 선물이라' 고 하지 않았는가?"(엡 2:8-9 참조) 이렇게 항변할 사람들도 있을 것이다.

그렇다. 맞는 말이다. 우리 힘으로 하나님 나라에 합당한 삶을 산다는 것은 불가능하다. 사람은 모두 다 죄를 범하여 하나님의 의로운 기준에 미치지 못하기 때문이다. 하나님 앞에서 자신의 선한 행실이나 자선 행위로 인해 하나님 나라를 유업으로 얻을 권리가 있다고 주장할 수 있는 사람은 아무도 없다. 우리는 다 범죄했고 영원한 불못에서 불타 마땅하다.

우리 결함에 대한 하나님의 답은 은혜의 선물을 통한 구원이다! 선물이란 돈으로 얻어지는 것이 아니다. 로마서 4장 4절은 단언한다. "일하는 자에게는 그 삯을 은혜로 여기지 아니하고 빚으로 여기거니와." 우리는 은혜를 사거나 당연하게 받을 만큼 선한 삶을 살 수 없다. 평생을 희생하고 자선 사업에 쏟으며 산다 해도 절대

이 은혜를 얻을 수 없다. 그것은 선물이기 때문이다. 예수님을 믿음으로써 받는 것이다.

여기서 그치지 말고 은혜에 대해 더 확실히 알아보자. 화산 폭발의 위협 속에 있던 사람을 다시 떠올려 보라. 그는 차를 선물로 받았다. 돈이 없었으므로 차를 사는 것은 불가능했다. 그런데 선물을 받았더라도 그가 그 잠재력을 사용해야 했다. 차를 몰아 그 지역을 벗어나는 행동을 해야 살아날 수 있는 것이다. 우리도 그렇다. 아무도 은혜를 살 수 없다. 은혜는 선물로 우리에게 주어졌다. 그러나 우리는 그 잠재력을 사용해야 한다.

그래서 야고보는 신자들에게 담대히 말한다. "이와 같이 행함이 없는 믿음은 그 자체가 죽은 것이라"(약 2:17). 야고보는 지금 바울을 반박하는 것이 아니다. 그는 바울의 메시지에 살을 붙여 더 명료히 하고 있다. 그 사람이 차를 몰지 않으면 살아날 수 없는 것처럼, 상응하는 행위가 없는 은혜는 무용지물임을 지적하는 것이다. 그런 것은 헛되이 받은 은혜다.

그는 계속해서 "혹이 가로되 너는 믿음이 있고 나는 행함이 있으니 행함이 없는 네 믿음을 내게 보이라 나는 행함으로 내 믿음을 네게 보이리라"(약 2:18)고 말한다. 야고보는 거룩한 삶이야말로 한 인간이 믿음으로 말미암아 하나님 은혜의 선물을 받은 증거라고 말한다. 이렇듯 은혜는 순종할 마음과 순종할 능력을 준다. 그래서 바울은 말한다. "이 말이 미쁘도다 원컨대 네가 이 여러 것에 대하여 굳세게 말하라 이는 하나님을 믿는 자들로 하여금 조심하여 선한 일을 힘쓰게 하려 함이라"(딛 3:8). 자칭 신자라 하면서 하나님 말씀에 일관되게 불순종한다면 그는 하나님의 은혜를 받은 적이 없거나 헛되이 받은 것이다.

야고보는 강조한다. "이로 보건대 사람이 행함으로 의롭다 하심을 받고 믿음으로만 아니니라"(약 2:24). 얼마나 뜻밖의 말씀인가! 감히 말하건대, 복음주의나 오순절 계통 신자들 중 성경에 이런 구절이 있다는 것을 아는 이들은 얼마 안 될 것이다.

얼마 전 나는 말씀을 전할 때 첫마디로 이 구절만 따로 떼어 인용했다. 그러고 나자 강당 안이 쥐죽은듯 조용했다. 사람들은 '행위 없는' 메시지에 너무 익숙해 있었기에 이 말씀의 의미가 와 닿는 데 한참 시간이 걸렸다. 물론 나는 문맥과 함께 그 구절을 다시 읽었다. 사람들은 마음을 열고 바짝 주목했다.

야고보는 그 말씀의 도입으로 믿음의 조상 아브라함의 예를 들었다.

우리 조상 아브라함이 그 아들 이삭을 제단에 드릴 때에 행함으로 의롭다 하심을 받은 것이 아니냐? 네가 보거니와 믿음이 그의 행함과 함께 일하고 행함으로 믿음이 온전케[완성] 되었느니라. 이에 경에 이른 바 "아브라함이 하나님을 믿으니 이것을 의로 여기셨다"는 말씀이 응하였고(약 2:21–23).

"하나님이 제 마음을 아십니다!"

일전에 나는 기도 중 주님의 말씀을 받았는데 우리 교회들에서 가르쳐 온 것과 너무 상반되어 깜짝 놀랐다. 사실 그것이 정말 그분의 음성인지 의문이 들었다. 그러나 나는 그분이 들려주신 말씀을 성경에서 확인했다.

말씀을 나누기 전 먼저 주제를 밝힐 필요가 있다. 요한계시록 앞부분에서 예수님은 일곱 교회에 일곱 가지 각기 다른 메시지를 주신다. 이 교회들은 역사적으로 실존한 교회들이다. 그런데 그 메시지에 예언적 적용점이 없다면 하나님은 절대 그것을 성경에 두시지 않았을 것이다. 다시 말해 메시지는 오늘의 우리에게도 똑같이 적용된다.

주님이 기도 중 내게 말씀하신 첫마디는 이것이다. "존, 요한계시록의 일곱 교회 모두에게 내가 처음 말한 것이 '내가 네 행위를 아노라' 임을 유의해 보았느냐?" 계시록을 찾아보니 다음과 같았다(신흠정역).

> 첫째 교회: "에베소 교회의 사자에게 편지하기를⋯ 내가 네 행위를 아노라"(계 2:1-2).
>
> 둘째 교회: "서머나 교회의 사자에게 편지하기를⋯ 내가 네 행위를 아노라"(계 2:8-9).
>
> 셋째 교회: "버가모 교회의 사자에게 편지하기를⋯ 내가 네 행위를 아노라"(계 2:12-13).
>
> 넷째 교회: "두아디라 교회의 사자에게 편지하기를⋯ 내가 네 행위를 아노라"(계 2:18-19).
>
> 다섯째 교회: "사데 교회의 사자에게 편지하기를⋯ 내가 네 행

위를 아노라"(계 3:1).

여섯째 교회: "빌라델비아 교회의 사자에게 편지하기를… 내가 네 행위를 아노라"(계 3:7-8).

일곱째 교회: "라오디게아 교회의 사자에게 편지하기를… 내가 네 행위를 아노라"(계 3:14-15).

"내가 네 행위를 아노라"가 일곱 교회 모두를 향해 주님이 말씀하신 첫마디다. 나는 생각했다. '어쩌다가 우리는, 그분이 이토록 강조하시고 우리에게 찾으시는 것으로부터 이렇게 멀리 벗어난 것일까?' 그때 주님의 두 번째 음성이 나를 사로잡았다. "존, 내가 어느 교회에게도 '내가 네 마음을 아노라'고 말하지 않은 점을 유의해 보았느냐?"

단정치 못한 세상적 삶을 살면서도 자기한테는 아무 잘못도 없다는 확신에 가득 차 "하나님이 제 마음을 아십니다!"라고 말하는 신자들을, 나는 상담실에서 얼마나 자주 만났던가 하는 생각이 들었다. 예수님은 우리 의도나 소원이나 옳은 길에 대한 지식을 보시지 않는다. 그분은 우리 행위를 보신다! 우리는 하나님의 은혜를 통해 거룩한 삶의 열매를 맺고 있는가? 아니면 하나님의 은혜를 헛되이 받았는가?

'믿는다'는 것은 말씀에 순종하는 것이다

우리가 은혜의 참뜻에서 이토록 멀리 벗어난 이유 중 하나는

"믿는다"는 말에 대한 우리의 잘못된 가르침에 있다. 우리 시대에 이 말은 단순한 지적 동의로 격하됐다. 허다한 무리가 '영접 기도'를 드렸다. 예수님의 존재를 믿기 때문이요 회개의 촉구가 빠진 부담 없는 메시지에 감정적 감화를 입었기 때문이다. 그러나 그들은 세상이 구하는 것을 똑같이 구하던 생활방식에서 돌이키지 않았다. 그들은 실체가 아닌 지적 또는 감정적 구원을 믿고 계속 자신을 위해 살아간다.

성경에서 '믿는다'는 것은 예수님의 존재를 인정할 뿐 아니라 그분의 뜻과 말씀에 순종하는 것을 뜻한다. 히브리서 5장 9절은 "온전하게 되었은즉 자기를 순종하는 모든 자에게 영원한 구원의 근원이 되시고"라고 말한다. 믿음이란 순종이다. 아브라함의 믿음의 증거는 거기에 상응하는 순종 행위에 있었다. 그는 성화의 부름을 듣고 집과 친구와 나라를 떠났다. 나중에 그는 자기에게 가장 소중한 것 즉 아들을 바쳤다. 그에게는 세상 무엇도, 아들조차도 하나님께 순종하는 것보다 더 중요하지 않았다. 그것이 참 믿음이다. 그가 "우리 모든 사람의 조상"(롬 4:16)으로 추앙받는 것도 그 때문이다. 오늘날 교회에 이 믿음이 분명히 보이는가? 어쩌다 우리는 그토록 미혹된 것인가?

믿음이 있다는 말만으로 구원의 증거가 될 수 없다. 상응하는 순종 행위와 그것이 낳는 참된 거룩함이 없는데 어떻게 그 믿음이 진짜일 수 있겠는가?

야고보의 말을 다시 한번 들어 보라. "이로 보건대 사람이 행함으로 의롭다 하심을 받고 믿음으로만 아니니라."

"주여, 주여" 하면서도 복종하지 않는 사람들

우리는 입술의 고백이 아니라 "거룩함에 이르는 열매"(롬 6:22)를 보고 참된 신자인지 아닌지 안다. 예수님도 그 점을 분명히 하셨다. "이러므로 그의 열매로 그들을 알리라 나더러 주여 주여 하는 자마다 천국에 다 들어갈 것이 아니요 다만 하늘에 계신 내 아버지의 뜻대로 행하는 자라야 들어가리라"(마 7:20-21).

이것을 요즘 말로 풀어 쓰면 이렇게 된다. "너희는 누가 신자이고 누가 아닌지 그의 고백을 보아서가 아니라 내 아버지의 뜻에 대한 복종을 보아 알 것이다. '나는 그리스도인이다. 예수님이 내 주님이시다'라고 말한다고 해서 누구나 천국에 들어가는 것이 아니라 아버지의 뜻에 순종하는 자들만 들어간다."

예수님은 다시 말씀하신다. "그날에 많은 사람이 나더러 이르되 주여 주여 우리가 주의 이름으로 선지자 노릇 하며 주의 이름으로 귀신을 쫓아내며 주의 이름으로 많은 권능을 행치 아니하였나이까 하리니 그때에 내가 저희에게 밝히 말하되 내가 너희를 도무지 알지 못하니 불법을 행하는 자들아 내게서 떠나가라 하리라"(마 7:22-23).

이 말도 요즘 말로 바꿔 보면 이렇다. "수많은 사람들이 나를 주로 고백하며 영접 기도를 드릴 것이다. 그중에는 스스로 '복음'으로 자처할 자들도 많다. 그렇다, 심지어 내 이름으로 기적을 행하고 귀신을 쫓아낸 자들도 그날 실상을 깨닫고 경악할 것이다. 그들은 자기들이 당연히 천국에 들어갈 줄 알겠지만 나한테 이 말밖에 듣지 못할 것이다. '내 아버지의 뜻에 순종치 않은 너희여, 내게서 떠나가라.'"

이것은 내 설명이나 내 말이 아니다. 그분을 주님으로 고백하는 많은 사람들이 천국 입성을 거부당한다고 생각하면 가슴 아프다. 그렇다, 그분의 이름으로 귀신을 쫓아내고 기적을 행한 자들도 거부당할 것이다!

일부 주석가들은, 여기서 예수님이 가리키는 자들은 그분을 영접한 적이 없는 자들일 것이라는 이론을 펴 왔다. 그러나 그것은 틀린 해석이다. 예수님의 이름으로 구원을 고백한 적이 없는 자들은 그분의 이름으로 초자연적 일을 행할 수 없기 때문이다. 그것을 시도했던 자들에 대한 기사가 사도행전에 나온다. 스게와의 일곱 아들은 악귀 들린 자들을 향해 주 예수의 이름을 부르며 "내가 바울의 전파하는 예수를 빙자하여 너희를 명하노라"고 말했다. 그러자 사람 속에 들어 있던 악귀가 대답했다. "예수도 내가 알고 바울도 내가 알거니와 너희는 누구냐 하며 악귀 들린 사람이 그 두 사람에게 뛰어올라 억제하여 이기니 저희가 상하여 벗은 몸으로 그 집에서 도망하는지라"(행 19:15-16).

1980년대 말, 나는 기도 중에 섬뜩한 영적 환상을 받았다. 너무 많아 숫자를 헤아릴 수 없는 허다한 무리가 보였다. 한번도 본 적이 없는 큰 무리였다. 그들은 천국 문 앞에 모여 "내 아버지께 복 받을 자들이여 나아와 창세로부터 너희를 위하여 예비된 나라를 상속하라"(마 25:34)는 주님의 말씀을 기대하며 입성만 기다리고 있었다. 그런데 그들에게 들려온 주님의 말씀은 "내가 너희를 도무지 알지 못하니 내게서 떠나가라"였다.

당신은 물을지도 모른다. "예수께서 그들을 도무지 알지 못한다고 하셨는데 그들은 어떻게 그분의 이름으로 귀신을 쫓아내고 기적을 행할 수 있었는가?" 대답은, 이 사람들이 단지 구원의 이득을 위해 예수님 편에 섰다는 것이다. 이스라엘 자손처럼 그들도 구원받으려고 그분을 받아들이지만 하나님의 마음을 아는 데는 이르지 못한다. 그분의 공급을 받는 선에서 그치기 때문이다. 그들은 자기 이익을 위해 그분을 구한다. 그들의 섬김의 동기는 사랑이 아니라 사욕이다.

"내가 너희를 도무지 알지 못하니"라는 예수님 말씀에서 '안다'는 단어는 헬라어로 기노스코(ginosko)다. 신약성경에서 이 말은 남녀간의 육체 관계를 지칭할 때 사용되었는데(마 1:25) 친밀함을 대변하는 말이다. 예수님 말씀은 사실상 이런 것이다. "내가 너희를 도무지 친밀하게 알지 못하니." 모세는 하나님을 친밀하게 알았으나 이스라엘은 자기들 삶 속에 행하신 기적으로만 그분을 알았다. 이번에도 다를 바 없다.

고린도전서 8장 3절은 이렇게 말한다. "또 누구든지 하나님을 사랑하면 이 사람은 하나님의 아시는 바 되었느니라." 여기서도 '안다' 는 단어는 헬라어로 기노스코다. 하나님은 자신을 사랑하는 자들을 친밀하게 아신다. 그들은 그분을 위해 자기 목숨을 버렸다(요 15:13). 그렇게 하는 자들만 그분 말씀을 지킬 수 있다. 예수님도 그 진리를 지적하신다. "나를 사랑하지 아니하는 자는 내 말을 지키지 아니하나니"(요 14:24).

예수님을 사랑하는 참 증거는 말이 아니라 삶이다. 요한은 이렇게 설명한다.

> 우리가 그의 계명을 지키면 이로써 우리가 저를 아는 줄로 알 것이요 저를 아노라 하고 그의 계명을 지키지 아니하는 자는 거짓말 하는[미혹된] 자요 진리가 그 속에 있지 아니하되 누구든지 그의 말씀을 지키는 자는 하나님의 사랑이 참으로 그 속에서 온전케 되었나니 이로써 우리가 저 안에 있는 줄을 아노라(요일 2:3-5).

유다는 예수님의 제자가 됐다. 그는 모든 것을 버리고 그분을 좇았고 그분을 사랑하는 듯 보였다. 유다는 심한 핍박에도 불구하고 예수님 곁에 남았고, 다른 제자들이 떠날 때도 떠나지 않았다(요 6:66). 그는 귀신을 쫓아냈고 병자를 고쳤고 복음을 전파했다. 성경에 분명히 기록돼 있다. "예수께서 열두 제자를 불러 모으사 모든 귀신을 제어하며 병을 고치는 능력과 권세를 주시고 하나님의 나라를 전파하며 앓는 자를 고치게 하려고 내어 보내시며"(눅 9:1-2). 열한 제자라고 하지 않았다. 유다도 포함돼 있다.

그러나 유다의 동기는 처음부터 옳지 않았다. 그는 이기적 삶을 끝내 회개하지 않았다. "내가…[여차여차히 할 테니 내게] 얼마나 주려느냐"(마 26:15)는 말에 그의 성품이 잘 나타난다. 그는 이득을 얻으려고 거짓말하였고(마 26:25), 예수님 사역을 위한 돈 궤에서 돈을 꺼내 착복했다(요 12:4-6). 불명예스런 일은 그 외에도 많다. 그는 3년 반을 예수님과 함께 지내고서도 그분을 전혀 몰랐다!

오늘날에도 유다 같은 이들이 얼마나 많은가? 그들은 사역을 위해 희생하고 복음을 전파하고 성령의 은사에 따라 봉사하지만 그분을 친밀히 알지 못한다. 그들의 모든 수고는 이기적 동기에서 싹튼 것이다.

예수님은 물으신다. "너희는 나를 불러 주여 주여 하면서도 어찌하여 나의 말하는 것을 행치 아니하느냐"(눅 6:46). 여기 '주' 라는 말은 헬라어 쿠리오스(kurios)에서 기원한 것이다. 스트롱 헬라어 사전에는 이 말이 "권세 높은 자 또는 상전"으로 풀이돼 있다. 예수님 말씀은, 많은 이들이 자신을 '주' 라 고백하지만 사실상 자신은 그들의 최고 권세가 아니라는 뜻이다. 그들의 삶이 그 고백과 일치하지 않기 때문이다. 그들은 하나님의 뜻이 자기 마음의 욕심과 상충되지 않을 때만 순종한다. 하나님의 뜻이 자기 욕심과 다른 방향으로 나가면 그들은 자기 길을 택한다. 그러면서도 예수님을 '주님' 이라 부른다.

사역의 성공을 순전히 숫자로 측정할 때가 많다. 이런 사고방식 때문에 많은 사역자들이 자기 제단을 '회심자' 로 채우고 교회를 '교인' 으로 채우려고 안간힘을 쓴다. 그것을 달성하기 위해 그들은 예수님을 구세주로만 전하고 주님으로는 전하지 않는다. 그 밑바닥에 깔린 메시지는 이런 것이다. "예수께 와 구원과 평안과 사랑과 기쁨과 형통과 성공과 건강과 그 이상을 얻으라!" 물론 예수님은 이 모든 약속의 성취다. 그러나 혜택이 지나치게 강조되다 보니, 순전한 복음은 급한 인생 문제의 해답과 그 뒤의 천국 보장으로 격하되고 말았다.

이런 식의 설교는 죄인들을 홀릴 뿐이다. 그들은 회개 없이 하나님께 나오라는 메시지를 듣는다. "하나님께 기회를 드리라. 그분이 당신에게 사랑과 평안과 기쁨을 주실 것이다!" 그렇게 '회심자'를 얻기 위해 우리는 회개를 뒷전으로 밀어 놓는다. 회심자들이 교회에 들어오지만 그들은 어떤 부류인가? 예수님은 당대의 사역자들에게 도전하셨다. "너희는 교인[회심자] 하나를 얻기 위하여 바다와 육지를 두루 다니다가 생기면 너희보다 배나 더 지옥 자식이 되게 하는도다"(마 23:15). 회심자를 만들기는 쉽다. 그러나 그들의 마음이 좇는 것은 무엇인가? 하나님인가, 약속인가? 우리는 모세와 이스라엘 자손들의 차이를 이미 살펴보았다.

예수님은 무리에게 분명히 말씀하셨다. "아무든지 나를 따라오려거든 자기를 부인하고 자기 십자가를 지고 나를 좇을 것이니라 누구든지 제 목숨을 구원코자 하면[구원하기 원하면] 잃을 것이요 누구든지 나와 복음을 위하여 제 목숨을 잃으면 구원하리라"(막 8:34-35). 자기 목숨을 구원하기 '원하기만' 해도 잃는다. 그러나 그분은 "누구든지 나를 위하여 자기 목숨을 잃기 원하면"이라고 말씀하시지 않았다. 내 목숨을 잃기 '원하는' 것만으로는 부족하다. 예수님은 선한 의도를 보시지 않는다.

어느 부자 청년은 구원받기를 간절히 원했다. 그는 예수님께 달려와 그 앞에 무릎 꿇고 앉아 영생을 갈구했다. 그러나 감정적 갈망만으로는 부족하다. 예수님은 그에게 "네게 오히려 한 가지 부족한 것이 있으니"라고 말씀하셨다(막 10:17-22 참조). 부자 청년은 십자가의 대가를 깨닫고는 떠나갔다. 적어도 그의 정직은 높이 살 만하다!

교회에 다니지 않는 수많은 사람들도 제 삶을 제 맘대로 주관할 수만 있다면 기꺼이 구원의 혜택을 받아들일 것이다. 어찌된 일인지 그들은 많은 교인들이 놓치고 있는 것을 알고 있는 듯하다. 하나님을 섬기려면 대가를 치러야 한다는 것이다. 그들은 하나님께 정직하다. 대가를 치를 마음이 없는 것이다. 반면, 미혹된 자들이 있다. 그들은 교회에 다니고 예수님을 '주님'이라 부르며 그분의 주재권에 복종한다고 고백하지만 실상은 복종하지 않는다.

잘못된 은혜 교리로 하나님의 불을 꺼뜨리지 말라

당신도 이제 예수님이 전하시는 은혜와 우리가 믿어 온 은혜의 차이를 보았을 것이다. 오늘날의 은혜 메시지는 이렇게 예찬할 때가 많다. "예수를 믿고 영접 기도를 드리고 그분을 자신의 구주로 고백하라. 그러면 천국에 들어갈 것이다." 자아와 세상을 부인하라는 얘기는 거의 찾아볼 수 없다. 그렇게 해서 일단 사람들이 교회에 나오면, 거룩한 삶을 위해 은혜가 가져다 주는 능력에 대해서는 거의 말하지 않는다.

이런 식으로 회심하고 교육받은 사람들은, 아무리 불순종하고 거룩하지 않게 살아도 하나님의 백지 은혜로 다 덮어질 줄로 생각한다. 우리 교회들에 하나님의 불과 능력이 없는 이유가 거기 있지 않을까?

당신이 이 메시지를 전달자의 마음 그대로 들었으면 좋겠다. 나는 하나님의 백성을 사랑하며, 그들의 영혼이 잘됨같이 그들이 잘

되기를 바란다. 따라서 나는 그분의 진리를 선포하지 않을 수 없다. 나는 교육과 교리가 개인의 신념과 삶을 형성한다는 것을 안다. 하나님의 불이 없어 미지근한 상태에 젖어 든 수많은 교인들을 생각하면 내 가슴이 미어진다.

바울은 디모데에게 "네가 네 자신과 가르침을 삼가 이 일을 계속하라 이것을 행함으로 네 자신과 네게 듣는 자를 구원하리라"(딤전 4:16)고 명했다. 우리는 이 경고를 귀담아 들어야 한다. 왜곡된 진리가 옳은 것 같고 심지어 우리 이성의 감각에 와 닿을 수도 있으나 실은 우리를 미혹으로 이끈다.

하나님 말씀의 진리는 우리를 먹이고 세운다. 바른 생각과 틀린 생각을 분별하도록 우리를 훈련시킨다. 왜곡된 진리를 따르면 우리는 실격된다. 그래서 하나님은 우리에게 말씀에 착념하라고 권고하시는 것이다. 그래야 말씀을 바로 다룰 수 있다. 이 장에는 경고와 격려가 함께 있다. 경고는, 잘못된 은혜 교리로 인해 은혜를 헛되이 받아 실격하지 말라는 것이다. 격려는, 하나님의 은혜로 말미암아 거룩한 삶을 살아갈 힘이 우리에게 주어졌다는 것이다. 우리 주 예수 그리스도의 은혜가 당신과 함께하기 바란다.

CHAPTER 9

온전한 열정으로 좇으라

그분을 향한 이 사랑에서 그들의 열정을 지피는 불이 나온다.
그들은 그분께 순종하는 것을 기뻐한다.
"거룩함을 좇으라. 이것이 없이는 아무도 주를 보지 못하리라.
너희는 돌아보아 하나님 은혜에 이르지 못하는 자가 있는가 두려워하고."
(히브리서 12:14-15)

"거룩함이 없이는 아무도 주를 보지 못하리라." 우리는 이 말씀을 정말 믿는가? 아니면 성경의 한낱 멋진 인용구일 뿐인가? 교회는 이 말씀을 명령으로 보아 왔는가 아니면 이상적 생활 방식 -이 시대에 절대 성취할 수 없는- 을 지향하도록 부추기는 시적 표현 정도로 여겨 왔는가? 또 "너희는 돌아보아 하나님 은혜에 이르지 못하는 자가 있는가 두려워하라"는 히브리서 기자의 말은 도대체 무슨 뜻인가? 지난 25년간 대다수 교회들이 가르쳐 온 하나님의 은혜에 어떻게 이르지 못할 수 있단 말인가? 이것은 우리에게 두려움을 주어 문제에 빠지지 못하게 하시려는 하나님의 과잉 발언이 아닐까? 안타깝게도 절대 그렇지 않다!

세속화된 교회는 고통의 때를 맞는다

앞 장에서 말한 것처럼, 은혜는 오랫동안 그리고 많은 이들에게 그저 무조건 덮어 주는 것으로 통해 왔다. 그 때문에 순종하며 거룩하게 살아야 할 신자들의 책임은 모두 면제됐다. 그러나 이런 생각은 히브리서 말씀으로 인해 성경적으로 오류임이 밝혀졌다. 하나님의 은혜에 이르지 못한다 함은, 은혜의 잠재력 안에서 행치 않는 것이기 때문이다. 그것은 변화를 거부함으로 하나님 은혜의 선물을 헛되이 받는 것이다.

바울은 말세에 수많은 명목상 신자들이 변화를 거부할 것임을 미리 예언했다. 말세를 묘사하며 그는 그때가 '고통하는 때'가 될 것이라고 했다. 복음을 지키다가 돌과 몽둥이와 채찍으로 맞고 사슬에 묶여 옥에 갇히기까지 한 그가, 종교의 자유가 있는 우리 시대를 고통하는 때로 표현한 것은 흥미로운 일이다. 그가 우리 시대를 고통하는 때로 기술한 것은, 주 예수께 신앙을 고백하는 많은 신자들이 여전히 자아만을 사랑하고 돈을 탐내며 하나님보다 쾌락을 더 뜨겁게 구할 것이기 때문이다.

어떤 이들은 교만하고 어떤 이들은 감사치 아니하며 어떤 이들은 용서를 모를 것이다. 신자들 중에 불순종하며 거룩하지 않은 자들이 있을 것이다. 절제하지 못하는 자들도 많고, 사나운 자들도 있을 것이다. 바울은 이런 사람들에 대해 기독교의 모양은 있으나

"경건의 능력은 부인하는 자"라고 했다(딤후 3:1-5). 그들은 은혜의 능력으로 인한 변화를 거부했다. 돈과 쾌락을 사랑하는 자에서 하나님과 영혼을 사랑하는 자로 변화되지 않았다. 그들은 계속 거룩하지 않은 삶을 살았다. 하나님의 은혜를 헛되이 받은 것이다.

계속해서 바울은 이 변화되지 않은 '신자들'이 "항상 배우나 마침내 진리의 지식에 이를 수 없느니라"(7절)고 말했다. 오늘 기독교 국가에는 역사상 어느 시대, 어느 나라보다 더 기독교 교육이 범람하고 있다. 무수한 교회 예배며 집회는 말할 것도 없고, 책과 테이프와 비디오와 텔레비전과 위성방송을 통한 복음 전파에 천문학적 액수의 돈이 쏟아 부어지고 있다. 그럼에도 교회는 애굽의 욕심과 분리되지 않은 세속적 교회로 변했다. 바울은 육체적 핍박이 있던 자기 시대가 아니라 교회가 세속화된 우리 시대를 '고통하는 때'라 표현했다!

한 사역자 친구와 점심을 먹으면서 나는 그가 아프리카의 한 나라에 다녀온 이야기를 들었다. 그 나라는 철저한 회교 국가로, 그곳 그리스도인들은 지금도 고문당하며 죽어 가고 있다고 했다. 그가 만난 그리스도인들은 핍박 중에도 열정을 잃지 않고 계속 동포들에게 복음을 전했다. 내 친구는 매일 신자들에게 설교하러 가는 길에, 그리스도인들에게 사용되던 교수대를 지나갔다. 그는 "존, 신앙 때문에 자신이 목매달릴 수도 있는 곳을 날마다 지나다닌다면, 우리 나라에서 얼마나 많은 사람들이 계속 교회에 나갈지 궁금하네"라고 말했다. 그리고는 바울과 똑같은 말을 했다. "존, 지금의 우리에게는 저들에게 없는 신앙의 자유가 있네. 하지만 저들에게는 지금의 우리에게 없는 영적 자유가 있다네."

바울에 따르면, 말세의 고통하는 때는 성도들을 향한 핍박 때문이 아니라 교회의 세속화 때문에 올 것이다. 우리는 자유를 오용하고 있는 것이 아닐까?

내가 어느 집회에 강사로 갔을 때의 일이다. 내 식탁 맞은편에 아시아의 한 공산국가를 방문하고 방금 돌아온 여자 사역자가 앉았다. 그 나라도 핍박이 너무 심해 신자들은 비밀리에 모이고 있었고 집회를 주선한 목사와 그 밑의 지도자들은 수도 없이 잡혔었다. 감옥에서도 그들은 재소자들에게 계속 복음을 전했고 다수가 구원받았다. 그러자 화가 치민 당국이 지도자들과 목사를 독방에 감금했다. 그 목사는 100번도 넘게 체포되어 총 10년 이상을 감옥에서 보냈다.

암암리에 이어지던 그들의 예배도 드디어 마지막을 맞았다. 경찰이 그들의 집회 장소를 알아낸 것이다. 망을 보지 않았다면 그들은 체포됐을 것이다. 흩어지기 전 그들은, 이 여자 사역자의 귀국 예정일인 이튿날 새벽에 한적한 곳에서 모이기로 했다. 이튿날 아침 나타난 그들은 기도를 청했다. 그녀는 내게 말했다. "존, 내가 그들을 위해 기도할 것이 아니라 오히려 그들이 나를 위해 기도해 줘야 할 것 같았습니다. 하나님이 그들의 믿음을 꼭 알아 주실 것입니다." 그 마지막 집회가 끝날 무렵 목사는 울음을 터뜨렸다. 그녀가 이유를 묻자 그는 자기 교인들이 걱정된다고 대답했다. 그는 울면서 말했다. "나는 우리가 자유를 얻을까 두렵습니다."

그녀는 어리둥절해 되물었다. "왜 자유가 두렵습니까? 목사님은 그동안 쫓기고 핍박당하고 수없이 옥에 갇혔습니다. 목사님과 교인들이 자유를 얻게 되면 할 수 있는 일이 얼마나 많겠습니까?" 목사는 말을 이었다. "자유가 생기면 이 교인들이 물질적, 세속적으로 변해 서구 교회의 일부 교인들처럼 떨어져 나갈까 봐 두렵습니다."

자기가 돌보는 영혼들과 하나님을 향한 그의 순전한 헌신을 보며 그녀가 어찌 더 항변할 수 있었으랴. 그녀가 서구 세계에서 접한 전형적 헌신의 모습도 그랬을까? 우리가 보기에는, 이 핍박받는 성도들이야말로 고통의 때를 만난 이들이다. 하지만 성경에 비춰 보라. 누가 고통하는 때를 맞고 있는가? 신앙의 자유는 있으나 교회가 세속화된 우리가 곧 고통하는 때를 맞으리라고 바울은 말한다.

신앙의 자유가 우리를 세속화시킨 것은 아니다. 물론 그로 인한 분위기가 우리 내면의 본능적인 욕심을 부추겨 우리를 밀쳐 낸 것은 사실이지만 말이다. 우리의 진짜 문제는, 옛 이스라엘처럼 하나님의 영광에 대한 열정이 없다는 것이다. 그리고 이 문제는 이스라엘처럼 우리가 육신적 욕망과 쾌락에 끌리는 데서 비롯된다.

"내 입에서 토하여 내치리라!"

앞 장에서 우리는 역사상 실존 교회들에 대한 요한계시록의 일곱 편지를 간략히 살펴봤다. 거기에는 예언적 메시지가 담겨 있다. 이 일곱 교회가 첫 수세기의 초대교회로부터 주님 재림 직전의 교회에 이르기까지, 교회 전반의 모습을 연대순으로 대변한다는 데

많은 신학자들이 동의하고 있다.

우리는 주님의 재림 날짜나 시간은 모르지만 예수님 말씀대로 그 시기는 알 수 있다. 현재 우리가 재림의 시기를 살고 있다는 것이 대다수 학자들의 공통된 생각이다. 따라서 마지막 교회인 라오디게아 교회에 주신 권고는 우리에게 예언적으로 적용된다. "라오디게아 교회의 사자에게 편지하기를 아멘이시요 충성되고 참된 증인이시요 하나님의 창조의 근본이신 이가 가라사대"(계 3:14).

예수님은 자신을 충성되고 참된 증인이라 부르신다. '충성되다' 는 것은 그분의 언행일치와 불변성을 가리킨다. '참되다' 는 것은, 좋은 내용이든 아니든 그분은 진실만 말씀하신다는 뜻이다. 즉 '충성되고 참되다' 는 것은 주변의 반응이나 압력에 무관하게 그분이 시종일관 진실하시다는 뜻이다.

거짓 증인은 거짓말하고 아첨한다. 그는 내가 꼭 들어야 할 말을 저버린 채 내가 듣고 싶어하는 말만 한다. 부정직한 외판원들은 내 돈을 원하기에 나한테 잘해 주며 귀에 솔깃한 말만 한다. 그들의 동기는 내 것을 취하는 데 있다. 교회로서의 우리는 우리가 듣고 싶어 하는 말만 해 주는 사역자들을 반겼다. 정작 필요한 진리는 무시한 채 달콤하고 솔깃한 내용만 들으려 했다.

예수님은 위로하고 세워 주시지만 우리에게 들려줄 진실을 무참히 짓밟으면서까지 그리하시지는 않는다. 그분은 사랑하고 용서하시지만 또한 징계하고 고쳐 주신다! 그분 말씀을 들어 보라. "내가 네 행위를 아노니 네가 차지도 아니하고 더웁지도 아니하도다"(계 3:15). 그분은 '의도' 가 아니라 '행위' 라고 하셨다. 지옥 길은 선한 의도로 포장돼 있다. 그분은 그들의 상태를 어떻게 아시는가? 역시 답은 분명하다. 그들의 행위 내지 행동을 보아 아신다.

차가운 자들은 노골적으로 하나님께 불순종한다. 그들은 있지도 않는 모습을 있는 척하지 않는다. 그들은 길을 잃었으며 본인도 그것을 안다. 그들은 자기들이 하나님을 섬기고 있지 않음을 안다. 그들은 다른 신들, 즉 돈, 사업, 자기 자신을 섬긴다. 그들은 순간의 쾌락을 위해 흥청거리고 떠들며 살아간다. 이것은 죄인의 삶이요 신앙을 저버린 것을 인정하는 이의 삶이다.

반면 뜨거운 자들은 하나님께 사로잡혀 있다. 그들은 그분의 임재에 가까이 가고자 자신을 깨끗하게 해 왔다. 거룩함은 그들의 열정이다. 그것 없이는 주를 볼 수 없다는 사실을 그들은 안다. 그들의 심령과 존재는 예수님께 에워싸여 있다. 그분을 향한 이 사랑에서 그들의 열정을 지피는 불이 나온다. 그들은 그분께 순종하는 것을 기뻐한다. 그들도 자신의 참 상태를 알고 있다.

그런데 예수님은 마지막 교회의 상태가 차갑지도 뜨겁지도 않다고 경고하신다. 이어 그분은 "네가 차든지 더웁든지 하기를 원하노라"(계 3:15)고 말씀하신다. 내게는 오랫동안 이 말씀의 의미가 묘연했다. 예수님은 왜 교회에게 "나는 네가 차갑든지 뜨겁든지 하기를 원한다"고 말씀하실까? 왜 "나는 네가 뜨겁기를 원한다"고 하지 않으실까? 그분은 부정직하거나 과장되게 말씀하신 일이 없다. 따라서 지금 예수님은, 그들의 현 상태 즉 차가운 것과 뜨거운 것의 중간쯤 되는 상태는 차라리 차가운 것보다 더 나쁘다고 하시는 것이 틀림없다. 하지만 죄인들이나 신앙을 저버린 자들이 어떻게 이 '교회 신자들'보다 더 나은 상태일 수 있을까?

이어지는 말씀에 그분의 답이 들어 있다. "네가 이같이 미지근하여 더웁지도 아니하고 차지도 아니하니 내 입에서 너를 토하여 내치리라"(계 3:16). 미지근한 상태는 차갑기에는 너무 뜨겁고 뜨겁기에는 너무 차갑다. 남몰래 뜨거운 쪽에 섞여 들 만큼 열기도 있지만 은근히 차가운 쪽에 스며들 만큼 냉기도 있다.

미지근한 자들은 주변에 누가 있든 그 사람들처럼 된다. 주변에 예수님을 좇는 자들이 있으면 그들도 거기 섞일 줄 안다. 그들은 성경을 알고 찬송을 부르며 경우에 맞는 말을 한다. 한편, 주변에 세상을 좇는 자들이 있으면 설령 술 담배는 안 할지라도 세속적 방식으로 즉 이기적으로 생각하고 삶을 영위한다. 그들은 순종이 즐겁거나 자기 이익에 맞을 때만 하나님께 순종한다. 그들의 참 동기는 자기 욕심이다.

예수님은 "내 입에서 너를 토하여 내치리라"고 하신다. 이런 생생한 비유적 표현을 쓰신 이유는 무엇일까? 우리는 몸이 소화하지 못하는 것을 토해 낸다. 몇 해 전 어느날, 우리 둘째아들과 셋째아들이 점심으로 햄버거를 먹었다. 한 시간도 못 되어 둘 다 먹은 것을 토해 냈다. 고기가 상했던 것이다. 해로운 것이었기 때문에 그들의 몸은 그것을 거부했다. '불량' 햄버거는 그들이 전에 먹었던 '정상' 햄버거와 똑같아 보였다. 예수님 말씀이 바로 이와 같다. "말로는 내게 속했다 하면서 실제는 그렇지 않은 자들을 나는 내 몸에서 토해 낼 것이다."

하나님과의 관계에 관한 한 차가운 자들과 뜨거운 자들은 속고 있지 않으나 미지근한 자들은 속고 있다. 그들은 자기 상태를 실제와 다르게 알고 있다. 자기들이 예수님께 속한 줄로 착각하고 있다. 노골적 죄인들보다 그들이 더 나쁜 상태일 수 있는 이유가 거기 있다. 죄인들은 자기들이 하나님을 섬기고 있지 않음을 알며, 따라서 그들에게 다가가기는 한결 쉽다. 미지근한 자들은 자기가 하나님을 섬기고 있는 줄 안다. 그들은 은혜로 인한 구원을 고백하지만 정작 자기가 고백하는 하나님의 은혜에 이르지 못했다. 그들에게 다가가기는 훨씬 더 어렵다.

자기가 구원받은 줄 아는 자들은 구원의 필요성을 못 느낀다. 예수님은 그들의 참 실상을 구체적으로 이렇게 말씀하신다. "네가 말하기를 나는 부자라 부요하여 부족한 것이 없다 하나 네 곤고한 것과 가련한 것과 가난한 것과 눈먼 것과 벌거벗은 것을 알지 못하도다"(계 3:17). 이 교회 사람들은 자기들이 부자라 부족한 것이 없다고 자랑했다. 그들은 그것이 하나님의 축복인 줄 알고 거기서 위안을 얻었다. 이것이 오늘날 교회의 실상 아닐까? 우리는 자유와 부를 이용해 하나님을 더 극진히 섬겨 왔는가? 아니면 자유와 부 때문에 속아 왔는가? 현대 교회의 대다수 사람들이 후자에 해당된다.

물론 오늘날 교회에서 하나님을 향한 뜨거운 열정으로 거룩함을 추구하는 신실한 사람들을 만나기도 했다. 그러나 그들은 다수가 아니라 소수다. 그들이야말로 싸움터를 겪고 적을 아는 진정한 군사들이다. 그들의 열정은 말이 아니라 열매에 확연히 드러난다.

예수님은 교회 내 미지근한 자들에게 선포하신다. "내가 너를 권하노니 내게서 불로 연단한 금을 사서 부요하게 하고 흰옷을 사서 입어 벌거벗은 수치를 보이지 않게 하고 안약을 사서 눈에 발라 보게 하라"(계 3:18).

그분은 자신에게서 뭔가를 살 것을 강조하신다. 그분을 주님으로 인정하는 것만으로는 얻을 수 없는 것임이 분명하다. 이 교회가 그분의 이름으로 인한 구원을 고백했음을 잊지 말라. 그럼에도 그들에게는 참된 신자들이 마땅히 지녀야 할 것이 없었다. 그렇다면 우리는 어떻게 예수님께로부터 그 뭔가를 살 것인가?

하나님은 잠언 23장 23절에서 우리에게 "진리를 사고서 팔지 말며"라고 말씀하신다. 그분은 또 선지자 이사야를 통해 말씀하신다.

너희 목마른 자들아, 물로 나아오라. 돈 없는 자도 오라. 너희는 와서 사 먹되(사 55:1).

예수님 말씀의 초점은 돈으로 살 수 없는 것을 사는 데 있다. 예수님은 제자들에게 천국에 대해 이렇게 말씀하셨다. "또 천국은 마치 좋은 진주를 구하는 장사와 같으니 극히 값진 진주 하나를 만나매 가서 자기의 소유를 다 팔아 그 진주를 샀느니라"(마 13:45-46). 이 말씀에 등장하는 장사는 천국을 상징하는 값비싼 진주를 사기 위해 소유를 다 팔았다. 그렇게 하고 나서야 진주를 살 돈이 생겼다. 다시 말해, 추호도 당신 몫으로 남겨 두지 말고 당신의 삶 전체를 그분과 그분의 사업을 섬기는 데 바치라. 온전히 그분을 위해 살라. 바울은 그것을 이렇게 표현했다. "저가 모든 사람을 대신하여 죽으심은 산 자들로 하여금 다시는 저희 자신을 위하여 살지 않고 오직 저희를 대신하여 죽었다가 다시 사신 자를 위하여 살게 하려 함이니라"(고후 5:15).

십자가 없이 부활의 능력만 전하는 복음

예수님의 다른 비유들도 이 점을 예시해 준다. 그중 하나가 마태복음 25장 1-12절에 나온다. 등(燈)을 들고 신랑 예수님을 맞으러 나간 열 처녀 비유다. 그들은 모두 처녀요 그분을 '주'라 불렀다. 그들은 모두 등 즉 빛이 있었다. 영생의 선물을 받은 자들임을 가리킨다. 그들은 모두 재림하시는 주님과 함께 가기를 고대했다. 그분은 지금 복음을 들어 본 적이 없거나 그분께 믿음을 고백하지 않은 자들에 관해 말씀하시는 것이 아니다. 다시 말해 이것은 차가운 자들에 대한 말씀이 아니다!

열 처녀 중 다섯은 슬기롭고 다섯은 미련했다. 이 비율이 중요하다. 예수님은 지금 교회의 꽤 중요한 부분에 대해 말씀하신다.

슬기로운 자들과 미련한 자들을 갈라 놓은 것은 무엇인가? 미련한 자들은 등밖에 안 가졌고, 슬기로운 자들은 등불을 계속 돋울 수 있는 별도의 기름도 가지고 있었다. 밤중에 신랑이 왔다는 소식이 들렸다. 드디어 처녀들이 그분을 맞을 때가 온 것이다. 그러나 미련한 자들의 등은 꺼져 가고 있었다. 그들은 즉시 슬기로운 자들에게 "우리 등불이 꺼져 가니 너희 기름을 좀 나눠 달라"(8절)고 했다.

슬기로운 자들은 대답한다. "우리와 너희의 쓰기에 다 부족할까 하노니 차라리 파는 자들에게 가서 너희 쓸 것을 사라"(9절).

나는 여러 목회자들이 이 비유를 풀이하는 것을 들었으나, 여전히 진의를 정확히 깨닫지 못하고 있는 듯한 기분이었다. 그러던 어느 날 아침 나는 바깥 한적한 곳에서 기도하던 중 간절히 부르짖었다. "주님, 이 비유를 깨닫게 해 주소서!"

바로 그날 하나님은, 슬기로운 자들이 미련한 자들에게 한 말 속에 이 비유의 핵심이 들어 있음을 내게 알려 주셨다. "차라리 파는 자들에게 가서 너희 쓸 것을 사라."

한번 상상해 보라. 슬기로운 처녀 다섯과 미련한 처녀 다섯이 기름 가게로 들어간다. 어리석은 처녀들은 계산대 앞에 가서 약간의 돈을 꺼내며 점원에게 말한다. "등 하나 주세요. 난 구원받고 싶어요. 지옥에 가고 싶지 않아요. 하나님의 복을 받고 싶어요." 이들은 불붙은 등을 하나씩 사 들고 "하나님, 감사합니다. 이제 전 구원받았어요!" 하며 계산대를 떠난다.

슬기로운 처녀들은 계산대에 와서 주머니에 있는 돈을 전부 꺼낸다. 그들은 저축해 뒀던 돈은 물론 재산까지 다 판 돈을 모조리 가져왔다. 그들은 점원에게 말한다. "이게 제 전 재산이에요. 제 가치 전부예요. 이것 말고는 없어요! 저 등을 주세요. 그리고 남은 돈은 전부 기름으로 주세요." 이들은 등과 기름이 가득한 그릇을 하나씩 들고 가게를 나선다.

슬기로운 자들은 자기 삶을 다 드린 반면, 미련한 자들은 구원받는 데 필요하다고 생각되는 만큼만 드렸다는 것이 차이점이다. 후자는 삶의 일부를 남겨 두었다. 그들도 불붙은 등을 가져갔고 빛을 밝혔다. 그러나 그 빛은 끝까지 가지 못했다. 그들의 등은 밤중에 꺼져 가기 시작했다. 환난이 절정에 달하는 가장 캄캄한 시간에 그들의 빛은 더 이상 견뎌 내지 못했다. 그래서 예수님은 종종 "끝까지 견디는 자는 구원을 얻으리라"고 말씀하신다.

미련한 처녀들은 즉시 사러 갔으나 그들이 간 사이에 신랑이 왔다. 준비돼 있던 슬기로운 자들은 그분과 함께 혼인 잔치에 들어갔다. 그리고 문이 닫혔다. 미련한 자들이 돌아와 "주여 주여 우리에게 열어 주소서"(11절) 외쳤으나 그분은 "진실로 너희에게 이르노니 내가 너희를 알지 못하노라"(12절)고 답하셨다.

이번에도 주님은 그분을 주님으로 고백한 자들에게 "내가 너희를 알지 못하노라"고 말씀하신다. 미지근한 자들은 자신의 삶을 전부 드리지 않았다. "자기 십자가를 지고 나를 좇지 않는 자도 내게 합당치 아니하니라"(마 10:38) 하신 주님 말씀은 그들에게 그대로 적용됐다.

오늘날 교회는 왜 십자가 없이 부활의 능력만 전하는 복음을 믿고 있는가? 그 복음이 우리를 미지근한 상태에 빠뜨렸다. 그것은 우리 마음속에 타올라야 할 하나님의 불을 앗아갔다. 우리는 죽은 자 가운데서 산 자를 찾고 있지 않은가? 우리는 더없이 명백한 그분의 이 말씀을 망각한 것이 아닌가? "누구든지 제 목숨을 구원코자 하면 잃을 것이요 누구든지 나를 위하여 제 목숨을 잃으면 찾으리라"(마 16:25).

CHAPTER 10

기꺼이 성화되라

성화의 작업은 하나님과 우리 사이의 협력이다.
"내가 너를 권하노니 내게서 불로 연단한 금을 사서 부요하게 하고
흰옷을 사서 입어 벌거벗은 수치를 보이지 않게 하고
안약을 사서 눈에 발라 보게 하라."
(요한계시록 3:18)

하나님을 향한 불타는 심령이 없는 자들에게 예수님은 세 가지를 사라고 권하신다. 금과 흰옷과 안약이다. 하나씩 따로따로 살펴보자.

주님의 연단용 불은 시험과 환난이다

선지자 말라기는 말세에 여호와가 연단하는 자의 불처럼 교회에 임하실 것이라고 말한다. "그가 은을 연단하여 깨끗하게 하는 자 같이 앉아서 레위 자손을 깨끗하게 하되 금, 은같이 그들을 연단하리

니 그들이 의로운 제물을 나 여호와께 드릴 것이라"(말 3:3).

'레위 자손'이라는 말은 예언적으로 "왕 같은 제사장들"(벧전 2:9)을 가리키며 앞에서 살펴본 것처럼 교회를 뜻한다. 이 선지자에게는 신약 용어가 없었다. 용어가 아직 주어지지 않았기에 그는 "하나님께서 그리스도인들을 깨끗게 하실 것이라"고 말할 수 없었다. 하나님은 이 제사장들의 제련을 금은의 제련 과정에 견주신다. 따라서 우리는 금은의 특성과 제련 방식을 이해해야 한다. 예수님이 금이라고만 하셨으니 우리도 금에 대해서만 알아보자.

금은 자연 속에 널리 분포하지만 언제나 소량이다. 순금이 발견되는 경우는 거의 없다. 순금 상태의 금은 연하여 잘 휘어지나, 이 물질이 끼거나 부식되지 않는다. 금에 다른 금속(예컨대 구리, 철, 니켈 등)이 섞여 있으면 딱딱해져서 잘 휘지 않는 대신 부식에 약해진다. 이런 혼합물을 합금이라 한다. 구리, 철, 니켈, 기타 광물의 비율이 높을수록 금의 강도도 높아진다. 반대로 합금의 비율이 낮을수록 금은 부드럽고 유연해진다.

예수님의 비교가 대번 보인다. 하나님 앞에서 순전한 심령은 제련된 순금 같다. 순전한 마음은 부드럽고 연하며 잘 휘어진다. 히브리서 기자는 죄의 유혹으로 마음이 강퍅하게 되는 것을 경고했다(히 3:13). 하나님의 뜻과 권위에 대한 불순종은 순금을 합금으로 바꿔 강퍅하게 만드는 첨가물이다. 마음이 강퍅해질 때 우리는 영적 민감성을 잃으며, 나아가 그분의 음성도 잘 듣지 못하게 된다.

안타깝게도 지금 교회에는 연한 마음 없이 경건의 모양만 지닌 교인들이 너무 많다. 그들의 마음은 더 이상 예수님을 위해 타오르지 않는다. 하나님을 향한 뜨겁디 뜨거운 사랑은 자기의 쾌락과 평안과 이득밖에 모르는 냉랭한 자기애(自己愛)로 대치됐다. 경건을 이익의 재료로 생각하는 그들은(딤전 6:5) 약속의 주체이신 그분을 배제한 채 약속의 득만 좇는다. 미혹된 그들은 세상을 즐기는 동시에 천국도 얻기를 바란다. 그들은 교회 내의 미지근한 자들이다. 그러나 야고보는 순전한 기독교란 "자기를 지켜 세속에 물들지 아니하는 이것"(약 1:27)이라고 경고한다. 예수님은 티나 불순물이 없는 순전한 교회를 데리러 오신다(엡 5:27). 세상 방식에 마음이 오염되지 않은 교회를!

금의 또다른 특성은 녹이나 부식에 대한 저항력이다. 다른 금속들은 공기가 변하면 변색되지만 순금은 공기 변화에도 변색되지 않는다. 놋쇠(구리와 아연의 황색 합금)는 겉모양이 금과 비슷하지만 성능은 다르다. 놋쇠는 금방 변색된다. 금의 모양은 있으나 금의 특성은 없는 것이다. 이물질 비율이 높을수록 금은 부식과 부패에 약해진다.

오늘의 교회에는 세상 체제가 흘러들었다. 우리는 세상 풍속에 침투당해 변색되고 있다. 교회의 가치관은 세속성으로 오염돼 있다. 우리는 세상적 욕심을 좇으며 그것을 하나님의 축복이라 부른다. 자신이 부유한 줄로 착각하는 우리는 영적으로 둔감해져 정화의 필요성도 깨닫지 못한다.

말라기는, 연단하는 자가 금을 제련하듯 예수님이 교회를 제련하여 세상 불순물을 제거하실 것임을 보여 준다. 제련 과정에서 금은 가루로 빻아져 용매제와 혼합된다. 이 혼합물은 풀무에 들어가

강한 불에 녹여진다. 이 과정에서 불순물은 추출돼 표면에 떠오르고 무거운 금은 바닥에 가라앉는다. 그 상태에서 불순물 내지 찌꺼기(용매제에 섞인 구리, 철, 아연 등)가 제거된다.

하나님이 선지자 이사야를 통해 하시는 말씀을 들어 보라. "보라 내가 너를 연단하였으나 은[또는 금]처럼 하지 아니하고 너를 고난의 풀무에서 택하였노라"(사 48:10). 그분이 우리를 연단할 때 쓰시는 풀무는, 금은을 제련할 때 필요한 물리적 불이 아니라 고통과 고난과 고생이다. 베드로도 그것을 이렇게 확증한다.

그러므로 너희가 이제 여러 가지 시험을 인하여 잠깐 근심하게 되지 않을 수 없었으나 오히려 크게 기뻐하도다. 너희 믿음의 시련이 불로 연단하여도 없어질 금보다 더 귀하여 예수 그리스도의 나타나실 때에 칭찬과 영광과 존귀를 얻게 하려 함이라(벧전 1:6-7).

주님의 연단용 불은 시험과 환난이다. 그 뜨거운 열이 우리 속에 있는 불순물을 걸러 낸다. 나는 유아 세례를 받고 예배에 참석하고 교회 법만 지키면 구원받는다고 가르치는 교단 교회에서 자랐다. 1979년 대학 선교 단체에서 구원받은 직후에는 하나님의 축복을 강조하는 독립 교회로 인도됐다. 그런데 이 교회나 내가 자란 교회는 거룩함을 가르치지 않았다.

1985년 하나님은 기도 중에 순결의 필요성에 관해 내게 말씀하시기 시작했다. 그것은 내 삶에 갈급함을 불러일으켰다. 나는 내 삶을 깨끗하게 해 달라고 간절히 기도했다. 몇 달 후 그분은 응답하셨다. 그해 12월 하나님은 내게, 자신을 부인하고 십자가를 지고 그분을 좇는 법을 가르쳐 주겠다고 말씀하셨다. 내 삶 속에 성화 작업을 행하실 뜻을 보여 주신 것이다.

나는 흥분하여 아내에게 말했다. "하나님이 내 불순물을 모두 없애 주실 것이오." 이어 나는 하나님이 없애 주실 법한, 나의 바람직하지 못한 모습들을 아내에게 얘기했다. 폭식 습관, 과다한 TV 시청, 지나친 오락 일변도 등 대부분 무절제한 생활 습관들이었다. 하지만 이후 3개월간 아무 변화도 없었다. 오히려 사태가 더 악화됐다. 나는 두 배로 나빠진 것 같았다.

나는 주님께 여쭈었다. "제 나쁜 습관들은 왜 나아지지 않고 더 심해지고 있습니까?" 주님은 대답하셨다. "아들아, 내가 너를 깨끗이 하겠다고 말했었다. 그러나 너는 네 힘으로 하려고 했다. 이제 내가 내 방식대로 하겠다."

그때부터 나는 이전에 한번도 겪어 본 적이 없는 극심한 시련들을 통과했다! 그 한가운데서 하나님은 한없이 멀게만 느껴졌다. 사실은 그렇지 않았음에도 말이다. 그동안 숨어 있던 성격적인 결함들이 떠올랐다. 그 결함들의 뿌리는 '이기심'이라는 한 단어로 요약될 수 있었다! 나는 가장 가까운 사람들에게 무례하고 거칠게 대하곤 했었다. 이유 없이 아내와 아이들한테 고함을 지를 때도 있었다. 또 거의 매사에 불평을 터뜨렸다. 나는 결코 같이 있기에 즐거운 사람이 아니었다. 가족과 친구들과 목회자를 사랑하지 않고, 그들 모두를 마치 내 영혼을 고달프게 하는 자들인 것처럼 대했다. 내 태도와 행동 때문에 그들은 나를 피하기 시작했다.

마침내 나는 주님께 부르짖었다. "이 모든 분노는 어디서 오는 것입니까? 이전에는 없었습니다!" 그분은 정화에 관한 성경 말씀을 내게 보여 주신 뒤 이렇게 답하셨다. "아들아, 금을 정화할 때는 아주 뜨거운 풀무에 넣는 법이다. 펄펄 끓는 불 속에서 금은 액체가 된다. 일단 그렇게 되면 불순물들이 표면에 떠오른다."

그분은 내 결혼 금반지를 보게 하셨다. 14k니까 24부 중 14부만 금이고 나머지 10부는 다른 금속이라는 뜻이다. 대략 60%가 금인 셈이다.

이어 그분은 내 삶을 바꿔 놓은 몇 가지 질문을 던지셨다. "그 반지가 너한테 순금처럼 보이지?" "예." 나는 대답했다.

"하지만 그것은 순금이 아니지?" 그분이 말씀하셨다.

"예." 나는 대답했다.

그분은 말씀을 이었다. "금을 불 속에 넣기 전에는 불순물이 안 보인다. 하지만 그렇다고 불순물이 없는 것은 아니다."

"예, 주님." 나는 다시 대답했다.

그때 주님이 주신 말씀이 내 마음에 벼락처럼 내리쳤다. "내가 너를 내 불에 넣자 불순물들이 떠올랐다. 너한테는 숨겨져 있었지만 내게는 보였단다. 이제 선택은 네 몫이다. 노출된 불순물에 대한 네 반응이 네 미래를 결정할 것이다. 너는 계속 화내며 네 상태를 아내나 친구들이나 동역자들 탓으로 돌릴 수 있다. 그렇게 네 행동을 정당화한다면 불순물은 그대로 남아 있을 것이다. 이 시련이 점차 잦아들면 불순물도 다시 숨을 것이다. 그러나 너는 네 상태를 있는 그대로 직시하고 회개하며 용서를 구할 수도 있다. 그러면 내가 내 쇠국자로 그 불순물들을 네 삶에서 떠낼 것이다."

하나님은 우리 뜻을 거스르면서까지 불순물을 떠내시지 않는다. 바울은 그것을 알고 우리에게 이렇게 권고했다. "우리가 하나님을 두려워하는 가운데서 거룩함을 온전히 이루어 육과 영의 온갖 더러운 것에서 자신을 깨끗하게 하자"(고후 7:1). 그는 또 같은 주제로 디모데에게 이렇게 썼다.

> 또 "주의 이름을 부르는 자마다 불의에서 떠날지어다" 하였느니라. 큰 집에는 금과 은의 그릇이 있을 뿐 아니요 나무와 질그릇도 있어 귀히 쓰는 것도 있고 천히 쓰는 것도 있나니 그러므로 누구든지 이런 것에서 자기를 깨끗하게 하면 귀히 쓰는 그릇이 되어 거룩하고 주인의 쓰심에 합당하며 모든 선한 일에 예비함이 되리라(딤후 2:19-21).

성화 작업은 하나님과 우리의 협동 작업이다. 그분이 은혜를 주시지만 우리도 정화를 기꺼이 구해야 한다. 그러다 일단 그분이 과정을 시작하시면 우리는 겸손과 순종으로 협력해야 한다. 나는 내 삶에서 과다한 식사, TV 시청, 오락 등 외면적 무절제밖에 보지 못했다. 그러나 하나님은 더 깊은 뿌리를 보셨다. 그분이 뿌리를 다루시자 외적 증상도 바로잡혔다. 정화란 끊임없이 계속되며 종종 고통이 수반되는 과정이다. 그러나 그 결실을 알기에 나는 그것을 환영한다.

순금의 또다른 특성은 투명성이다. "성의 길은 맑은[투명한] 유리 같은 정금이더라"(계 21:21). 불 시험으로 제련될 때 우리는 투명해진다! 투명한 그릇은 스스로 영광을 취하지 않고 담겨진 내용물에 영광을 돌린다. 우리가 제련될수록 세상은 우리 안에 계신 예수님을 더 뚜렷이 볼 수 있다. 할렐루야!

하나님 마음에 합한 자 다윗은 "자기 허물을 능히 깨달을 자 누구리요 나를 숨은 허물에서 벗어나게 하소서"(시 19:12)라고 부르짖었다. 이것이 우리의 부르짖음이 되게 하자. 우리가 하나님께 우리 마음을 깨끗하게 해 달라고 구할 때, 그분은 우리 눈에 보이지 않는 불순물들을 제하실 것이다. 내가 나 자신의 가장 깊은 생각과 의중을 몰라도 하나님은 아신다. 제련하면, 좋은 부분은 더 강해지고 약하거나 더러운 부분은 깨끗해지거나 제해진다. 그래서 예수님은 이 시대의 교회를 향해, 불로 연단한 금을 그분한테 사서 부요해지라고 하시는 것이다. 이것이야말로 세상이 추구하는 것이 아닌 영원한 부다.

행함 없는 믿음은 죽은 믿음이다

연단된 금을 사라고 권하셨던 예수님이, 이번에는 자신으로부터 흰옷을 사서 벌거벗은 수치를 보이지 않게 하라고 하신다. 이사야가 부르짖을 때도 하나님은 비슷한 말씀으로 이스라엘을 권고하셨다.

시온이여, 깰지어다, 깰지어다! 네 힘을 입을지어다. 거룩한 성

> 예루살렘이여, 네 아름다운 옷을 입을지어다!(사 52:1)

시온은 교회의 모형이다. 하나님은 "내가 너희에게 옷을 입혀 주겠다"고 하시지 않고 오히려 "네가 네 아름다운 옷을 입을지어다"라고 말씀하신다. 바울도 교회에 비슷하게 권면한다. "오직 주 예수 그리스도로 옷 입고 정욕을 위하여 육신의 일을 도모하지 말라"(롬 13:14). 이런 권고가 계속되는 까닭은, 누구도 이 흰옷 없이는 주께 다가갈 수 없기 때문이다(계 7:9). 어쨌든 이 세 말씀 모두의 핵심은 우리 쪽에서 옷을 입어야 한다는 것이다.

이번에도 우리에게 그 옷을 살 능력을 주는 것은 그분의 은혜다. 우리 힘으로는 옷을 구할 수 없다. 우리의 의(義)는 다 더러운 옷 같기 때문이다(사 64:6). 그러나 선지자는 말한다.

> 내가 여호와로 인하여 크게 기뻐하며 내 영혼이 나의 하나님으로 인하여 즐거워하리니 이는 그가 구원의 옷으로 내게 입히시며 의의 겉옷으로 내게 더하심이 신랑이 사모를 쓰며 신부가 자기 보물로 단장함 같게 하셨음이라(사 61:10).

주님은 구원의 옷과 단장할 보물을 주신다. 우리 힘으로는 절대 그것을 갖출 수 없다. 그러나 이번에도 역시 우리는 그런 공급을 헛되이 받을 수 있다. 신부는 자신을 가꿔야만 한다. 다음 예를 보라. 한 가난한 여자가 왕자의 청혼을 받는다. 그녀는 빈털터리이며 결혼에 필요한 돈을 마련할 방도도 없다. 옷도 누더기뿐이다. 그러나 예복을 입지 않고는 왕궁에 들어갈 수 없다. 그녀를 깊이 사랑하는 왕자는 혼인날 입을 아름다운 옷과 보석을 사라고 그녀에게 돈을 준다. 하지만 그녀는 그 돈으로 결혼에 필요한 것을 사지 않고, 오락을 즐기는 데 써 버린다. 그녀는 예복 없이 혼인식에 간다. 그것은 왕과 왕자에게 모욕이다. 옷을 구할 능력이 그녀에게 자비롭게 하사됐건만, 그녀는 그 공급을 헛되이 받았다. 그녀는 결혼식을 위해 자신을 준비하지 않았다.

그녀가 왕자한테 받은 돈으로 혼례복을 샀다면 그녀의 자랑은 왕에게 있었을 것이다. 그녀는 "왕이 내게 이 혼례복을 입혀 주었다"고 선포했을 것이다. 그 은혜의 선물 덕분에 그녀는 멋진 옷을 입을 수 있었다. 분명히 왕자가 공급해 주었다. 그러나 그녀 스스로 자신을 준비시키고 옷을 사 입었어야 했다.

이 예는 신랑 예수의 재림에 대한 우리의 준비와 밀접한 관련이 있다. 요한은 자신이 보고 들은 장면을 이렇게 묘사한다.

> 우리가 즐거워하고 크게 기뻐하여 그에게 영광을 돌리세. 어린 양의 혼인 기약이 이르렀고 그 아내[교회]가 예비하였으니 그에게 허락하사 빛나고 깨끗한 세마포를 입게 하셨은즉 이 세마포는 성도들의 옳은 행실이로다 하더라(계 19:7-8).

8절의 '옳은 행실'은 헬라어로 디카이오마(*dikaioma*)다. 스트롱 사전은 이 단어를 "공정한 행위"로 정의했고, 바인 사전은 "의로운 행동, 의의 구체적 표현"으로 정의했다. 하나님은 의로운 행위를 낳을 은혜를 우리에게 주셨다. 성경에 따르면 우리는 혼인 잔치에 입고 갈 흰옷을 이 행위로 얻는다. 하지만 우리는 그분의 은혜를 헛되이 받은 것은 아닌가? 우리의 옳은 행실이 혼인 예복을 얻게 한다면 우리 중 다수는 거의 벌거벗은 상태로 있을 것이다! 오늘날 교회의 대다수 교인들은, 혼인 예복은 고사하고 미니스커트 하나 살 만한 행위도 없다! 이 역시 야고보의 담대한 반문이 설명, 확증해 준다. "아아 허탄한 사람아 행함이 없는 믿음이 헛것인 줄 알고자 하느냐"(약 2:20). 어쩌다 우리 현대 교회는 이 진리를 잃어버렸단 말인가?

야고보는 두 가지 예로 참된 믿음을 예시한다. 그는 "우리 조상 아브라함이 그 아들 이삭을 제단에 드릴 때에 행함으로 의롭다 하심을 받은 것이 아니냐?"고 말한다.

혹자는 "나는 우리가 믿음으로 의롭다 함을 입은 줄 알았다"고 말할지 모른다. 맞다. 그러나 20세기 후반의 기독교가 가르쳐 온 믿음과 은혜는 참이 아니다. 믿음은 상응하는 행위가 없는 한 진짜가 아니며, 은혜 없이는 상응하는 행위가 있을 수 없다. 야고보는 이렇게 말을 잇는다.

네가 보거니와 믿음이 그의 행함과 함께 일하고 행함으로 믿음이 온전케 되었느니라. 이에 경에 이른바 "아브라함이 하나님을 믿으니 이것을 의로 여기셨다"는 말씀이 응하였고 그는 하나님의 벗이라 칭함을 받았나니 이로 보건대 사람이 행함으로 의롭다 하심을 받고 믿음으로만 아니니라(약 2:21-24).

두 번째 예를 야고보는 이렇게 썼다. "또 이와 같이 기생 라합이 사자를 접대하여 다른 길로 나가게 할 때에 행함으로 의롭다 하심을 받은 것이 아니냐 영혼 없는 몸이 죽은 것같이 행함이 없는 믿음은 죽은 것이니라"(약 2:25-26). 다른 번역에는 "행동이 없는 믿음은 죽은 것이다"(NIV)라고 돼 있다.

행위가 수반되지 않는 한 믿음은 믿음이 아니다. 라오디게아 교회처럼 우리도 믿음을 내세울 수 있다. 하지만 그 믿음을 확증해 줄 뜨거운 상응 행위가 우리에게 있는가?

예수님이 열 처녀 비유 바로 다음에 들려주신 두 비유를 생각해 보자. 열 처녀 비유의 요지가, 미련한 자들은 자기 삶을 전부 드리지 않고도 여전히 예수님을 '주'라 불렀다는 데 있음을 잊지 말라. 그들은 혼인 잔치 입장을 거부당했다.

다음 비유는 먼 길을 떠나는 한 부자 이야기다. 부자는 예수님을 가리킨다. 그는 떠나기 전 종들을 불러 돈을 맡기며 자기가 없는 동안 투자하라고 했다. 그는 종들의 능력에 따라 각각 다른 액수를 맡겼다. 두 종은 열심히 일해 맡은 돈의 두 배를 남겼다. 가장 적게 받은 셋째 종은 땅을 파고 주인의 돈을 감춰 보관했다. 그는 맡겨진 돈을 사용하지 않았다. 돈을 헛되이 받은 것이다.

오랜 후 주인이 여행에서 돌아와 종들을 불러 그간 한 일을 회계하게 했다. 주인은 맡겨진 돈으로 부지런히 일한 두 종을 칭찬하며 상을 주었다. 이어 가장 적게 받아 감춰 두었던 종이 말했다. "주인님, 나는 주인님이 들인 것도 없이 결과만 기대하는 굳은 사람임을 압니다. 그래서 두려워 주인님의 돈을 땅속에 숨겨 두었습니다. 여기 있습니다." 주인은 대답했다. "악하고 게으른 종아"(마 25:26).

주인은 분명 '종'이라 말한다. '이방인, 외인, 나그네, 원수' 등의 단어를 사용하지 않는다. 그분의 은혜를 받은 적이 없는 이들은 원수다(롬 5:10). 구원받지 못한 이들은 외인이나 나그네다(엡 2:19). 하나님을 믿지 않는 이들은 이방인이다. 이 사람은 그중 어느 것으로도 지칭되지 않고 주인의 종으로 지칭됐다. 예수님은 이어 모두에게 요지를 밝히신다. "주어진 것을 잘 사용하는 이들은 더 많이 받아 풍족하게 될 것이다. 그러나 충성치 못한 자들은 그나마 있는 것까지 빼앗길 것이다"(마 25:29 NLT).

세 종에 대한 주인의 심판 근거는 각자 맡은 바를 어떻게 사용했는가에 있었다. 심판은 그들이 주인의 존재를 믿었는가 여부와는 전혀 무관했다. 물론 셋째 종도 주인의 존재를 믿었다. 그에게서 받았기 때문이다. 그는 주인이 돌아오리라는 것도 알았다. 그래서 돈을 감춰 보관한 것이다. 그러나 그는 주인의 귀환을 미루는 태도로 살았다. 그는 시간을 구속하지 않았고 옳은 행실이 전혀 없었다. 주인은 이 게으른 종에게 이런 판결을 내린다. "이 무익한 종을 바깥 어두운 데로 내어 쫓으라 거기서 슬피 울며 이를 갊이 있으리라"(마 25:30).

이 비유는 옷을 장만하는 쪽이 아니라 돈을 투자하는 쪽으로 전개되지만 적용되는 원리는 동일하다. 순종 행위에 턱없이 못 미친다는 것이다. 게으른 종에게 선고된 심판은 예수님이 라오디게아 교회에 경고하신 심판과 상통한다. 그들은 분명 그분의 존재에 대한 믿음이 아니라 행위가 미지근했기 때문에 벌거벗은 자였다.

예수님의 그 다음 비유는 친히 모든 민족을 심판하실 최후의 심판에 관한 것이다. 목자가 양과 염소를 분별하듯 그분은 그들을 분별하실 것이다.

그때에 임금이 그 오른편에 있는 자들[양들]에게 이르시되 "내 아버지께 복 받을 자들이여, 나아와 창세로부터 너희를 위하여 예비된 나라를 상속하라. 내가 주릴 때에 너희가 먹을 것을 주었고 목마를 때에 마시게 하였고 나그네 되었을 때에 영접하였고 벗었을 때에 옷을 입혔고 병들었을 때에 돌아보았고 옥에 갇혔을 때에 와서 보았느니라." 이에 의인들이 대답하여 가로되 "주여, 우리가 어느 때에 주의 주리신 것을 보고 공궤하였으며 목마르신 것을 보고 마시게 하였나이까? 어느 때에 나그네 되신 것을 보고 영접하였으며 벗으신 것을 보고 옷 입혔나이까? 어느 때에 병드신 것이나 옥에 갇히신 것을 보고 가서 뵈었나이까?" 하리니 임금이 대답하여 가라사대 "내가 진실로 너희에게 이르노니 너희가 여기 내 형제 중에 지극히 작은 자 하나에게 한 것이 곧 내게 한 것이니라!" 하시고(마 25:34-40).

예수님은 지금 몸이 병들고 굶주리고 옥에 갇힌 자들만 이르시는 것이 아니다. 그분은 영적으로 연약한 자들도 얘기하신다. 영적으로 가난한 자들을 돌보신 것이야말로 예수님 사역의 가장 큰 부분이었다. 그분은 영적으로 굶주린 자들에게 음식을 주셨고(마 5:6) 영적으로 목마른 자들에게 물을 주셨다(요 4:10). 병들고 옥에 갇힌 자들에게 예수님은 말씀하신다.

> 주의 성령이 내게 임하셨으니 이는 가난한 자에게 복음을 전하게 하시려고 내게 기름을 부으시고 나를 보내사 포로 된 자에게 자유를, 눈먼 자에게 다시 보게 함을 전파하며 눌린 자를 자유케 하고(눅 4:18).

예수님의 비유가 물리적인 사역만 지칭한 것이라면 열두 사도는 교회에 이렇게 말하지 않았을 것이다. "우리가 하나님의 말씀을 제쳐 놓고 공궤를 일삼는 것이 마땅치 아니하니"(행 6:2). 가난하거나 육체가 연약한 자들을 돌보는 일의 중요성을 조금이라도 과소평가해서 하는 말은 아니다. 양쪽 다 중요하다.

핵심은 예수님의 일을 하는 것이다. 예수님은 우리 스승이요 주인이시다. 그런데도 그분은 섬김을 받거나 호사를 누리려 오신 것이 아니다. 그분이 오신 것은 도리어 섬기려 하고 자기 목숨을 많은 사람의 대속물로 주려 함이다!(마 20:28) 비유에서 상을 받은 의로운 성도들은 자기 삶을 바쳐 예수님 대신 섬긴 자들이다. 그들의 행위는 미지근하지 않고 뜨거웠다.

또 [임금이] 왼편에 있는 자들에게 이르시되 "저주를 받은 자들아, 나를 떠나 마귀와 그 사자들을 위하여 예비된 영영한 불에 들어가라! 내가 주릴 때에 너희가 먹을 것을 주지 아니하였고 목마를 때에 마시게 하지 아니하였고 나그네 되었을 때에 영접하지 아니하였고 벗었을 때에 옷 입히지 아니하였고 병들었을 때 와 옥에 갇혔을 때에 돌아보지 아니하였느니라" 하시니 저희도 대답하여 가로되 "주여, 우리가 어느 때에 주의 주리신 것이나 목마르신 것이나 나그네 되신 것이나 벗으신 것이나 병드신 것 이나 옥에 갇히신 것을 보고 공양치 아니하더이까?" 이에 임금 이 대답하여 가라사대 "내가 진실로 너희에게 이르노니 이 지극 히 작은 자 하나에게 하지 아니한 것이 곧 내게 하지 아니한 것 이니라" 하시리니 저희는 영벌에, 의인들은 영생에 들어가리라 (마 25:41-46).

이 비유에서 두 집단의 유일한 차이는 행동 여부였다. 상 받은 이들은 주어진 은혜로 행동해 옳은 행실을 맺었다. 심판받은 이들 은 또 두 부류로 나눠진다. 한 부류는 종인데도 받은 바 은혜로 아 무것도 하지 않은 자들이고, 또 한 부류는 이교도들이다. 그들은 옳은 행실을 맺지 못했다. 하나님의 은혜를 헛되이 받은 것이다.

간혹 나는 대형 교회에서 다음과 같은 질문을 던지는데, 가슴 아 픈 반응을 얻곤 한다. 나는 교회 내 모든 편모를 일어서게 한 뒤 이 렇게 묻는다. "교회 사람들이 주일 예배 후 여러분을 찾아와 '오늘 아이들과 함께 저희 집에 와 식사하시면 어떨까요? 자매님의 아이 들은 아버지가 없는 만큼 경건한 아버지 모델을 볼 필요가 있을 거 예요'라고 청하는 일이 얼마나 자주 있습니까?" 교인이 천 명 가까 운 교회였지만 긍정적 대답은 둘뿐이었다.

나는 이어 이렇게 묻는다. "여러분의 세탁기나 기타 필수품이

고장나 교회 가족들 중 한 집에 전화해 도움을 청하면 그날로 형제들이 발벗고 나서서 도와줍니까?" 편모들은 당혹스런 표정으로 나만 쳐다본다. 눈물이 맺히는 이들도 있다. 내가 아픈 데를 찌른 것이다. 이번에도 긍정적 대답은 없다. 이웃을 향한 기본적 관심에 관한 다른 질문을 던져도 마찬가지다.

나는 교인들에게 그런 관심이 목사의 책임이 아님을 강조한다. 목사들의 책임은 "성도를 온전케 하며 봉사의 일을 하게 하며 그리스도의 몸을 세우"(엡 4:12)는 것이다.

나는 거기서 화제를 바꾸어 온 교인들에게 묻는다. "여러분 중 교회의 감옥 선교에 동참하는 분이 얼마나 됩니까?" 대규모 회중 가운데 5-8명이 대답하는 정도다. "병원과 양로원을 방문하는 분은 얼마나 됩니까?" 반응은 똑같다. "노방 전도단과 함께 나가 사람들에게 하나님 말씀을 전하는 분은 얼마나 됩니까?" 역시 똑같은 반응이다. 이렇게 반응이 낮은 이유는, 거의 모든 교회의 교인들 80%가 기본적으로 자신과 직계가족만을 위해 살고 있기 때문이다. 하지만 그것은 불신자들도 하는 일이다!

반면 자신들의 사업 성공이나 사역 형통에 관해 얘기해 줄 예언 집회나 기적 집회가 있다면 아까 응답하지 않는 이들도 거의 전원 참석할 것이다. 그들은 갑절의 기름 부음 집회나 부흥회라면 먼 길도 마다 않고 달려갈 것이다. 왜 그럴까? 십중팔구 예수님을 더 잘 섬기기 위해서가 아니라 자기에게 돌아올 혜택을 알기 위해서다.

최근 나는 한 유명한 TV 전도자가 큰 무리에게 기름 부음에 대해 가르치는 것을 보았다. 그는 기름 부음의 대가를 얘기했고 사람들은 열심히 들었다. 하나님의 능력에 대한 그들의 열정을 어렵지 않게 감지할 수 있었다. 자리에서 일어나 눈에 불을 켜고 그를 뚫어지게 쳐다보는 이들도 있었다. 그러나 내 영은 슬픔을 느꼈다. 한 남자가 전도자의 손에 수표를 쥐어 줄 때 슬픔은 더 깊어졌다. '헌금'이었다. 사도행전에서 성령의 기름 부음에 대해 사람들이 베드로에게 돈을 주려 했던 일이 생각났다. 전도자가 그 남자에게 수표를 돌려주는 것을 보고 나는 안도했다.

나는 즉시 한적한 곳에 가 기도했다. "주님, 저는 슬픔을 느꼈습니다. 이유를 알 것 같지만 주님께서 설명해 주시기 원합니다."

그분의 작고 세미한 음성이 내 마음속에 들려왔다. "존, 저들은 내 능력에 대한 열정이 있으나 이유가 틀렸다. 능력은 사람들의 자존심을 세워 줄 수 있다. 능력은 권위를 주고 정당성을 주며 부를 준다. 그들은 섬기기 위해서가 아니라 성공하려고 능력을 바란다."

심판 날 그분 앞에 모인 무리에게 주신 예수님의 말씀이 내 마음에 퍼뜩 떠올랐다. 그들은 그분을 '주'라 고백했다. 그들이 그분의 이름으로 기적을 행하고 귀신을 쫓아내고 선지자 노릇 했다는 사실이 좋은 증거였다. 그러나 그분은 그들을 향해 "내 아버지의 뜻대로 행하지 않은 자들아, 내게서 떠나가라!"(마 7:21-23 참조)고 말씀하셨다.

주님의 말씀은 계속됐다. "존, 그들은 '주여, 주여, 우리가 주의 이름으로 옥에 갇힌 자들을 찾아갔고 주의 이름으로 굶주린 자들을 먹이고 헐벗은 자들을 입혔나이다'라고 말하지 않았다." 나는 섬뜩하여 수긍했다. "맞습니다. 그렇게 말하지 않았습니다."

여기서 나는 교회의 대부분을 구성하는 두 부류의 사람들을 볼 수 있었다. 둘 중 비율이 더 높은 한 부류는, 교회에 다니지만 세상의 성공을 좇으며 자기 삶을 살아가는 자들이다. 다른 부류는 교회에 나오되 사역의 성공을 좇는 자들이다. 뜨겁게 불타는 마음으로 예수님을 기쁘시게 하려는 자, 순전한 심령으로 그분의 사람들을 섬기고 잃어버린 영혼에게 다가가는 자들은 그보다 훨씬 적다!

오 사람들이여, 우리 교회들의 위험한 실상이 보이는가? 교회에 다니며 일주일에 한두 번 설교를 듣고 가서는 남은 한 주간 동안 자기를 위해 살아가는 많은 이들, 그들의 옷은 어떤 것인가? 정규 예배 외에 이 '신자들'을 집회에 나오게 하는 유일한 길은, 이기적 욕심을 채울 만한 축복으로 구슬리는 것이다. 그들은 자신의 보상과 이득을 추구하는 일이라면 힘과 수고를 아끼지 않는다. 그들 대다수는 경우에 맞는 말을 하며 친절해 보이지만, 주님을 위해 살고 있지 않다. 받은 바 은혜를 회계해야 할 심판 날 그들은 어찌할 것인가? 벌거벗은 모습으로 드러날 것인가? 아니면 옳은(순전한) 행실로 옷 입은 모습일까? 바울은 이렇게 역설했다.

> 그런즉 우리는 거하든지 떠나든지 주를 기쁘시게 하는 자 되기를 힘쓰노라. 이는 우리가 다 반드시 그리스도의 심판대 앞에 드러나 각각 선악간에 그 몸으로 행한 것을 따라 받으려 함이라. 우리가 주의 두려우심을 알므로 사람을 권하노니(고후 5:9-11).

우리는 주를 경외하며 살고 있는가? 그분의 심판을 대수롭지 않게 여겨 그 거룩하심을 우롱하는 것은 아닌가? 우리는 건전치 못하고 허탄한 말을 믿어 온 것은 아닌가? 이것은 예수님이 미지근한 자들에게 사라고 하신 세 번째 것으로 이어진다.

가짜 은혜가 교회를 미지근하게 만든다

그 교회에 연단된 금과 흰옷을 사라고 이르신 후, 예수님은 자기한테서 안약을 사 눈에 발라 보라고 권하셨다. 다양한 성분을 합성해 만든 안약은 치료용으로 눈꺼풀에 바르는 눈 연고였다. 라오디게아 의과 학교는 안약으로 유명했다.

그 도시 사람들이 안약을 잘 알았으므로, 예수님은 영적으로 눈먼 그 교회에 치료가 필요함을 안약을 들어 지적하신 것이다. 실존 교회에 주신 메시지지만 예언적 적용점이 있다. 많은 학자들은 그것이 특히 예수님의 재림 직전 시기인 우리 시대에 적용되는 것이라 믿고 있다. "본다"고 하는 교회였지만, 예수님은 실상을 아시고 "네 곤고한 것과 가련한 것과 가난한 것과 눈먼 것과 벌거벗은 것을 알지 못하도다"라고 말씀하신다.

바울은 신자들에게 "너희 마음 눈을 밝히시기를"(엡 1:18) 구한다고 썼다. 눈이 밝아진다는 것은 분명히 본다는 뜻이다. 우리는 예수님처럼 보고 지각해야 한다. 그것은 그분의 임재 안에서 시간을 보내며 그분 말씀을 듣고 그분을 섬김으로써 가능한 일이다.

이 원리는 기독교 지도자들과 구성원들 간에도 적용된다. 우리는 지도자와 함께 일하고 시간을 보내면서 그의 시각을 알게 된다.

내 아내는 우리 사역 재단의 어떤 간부보다도 나와 가장 많은 시간을 보냈다. 아내는 경건한 여자이며, 내 아내로서 하나님이 주신 내 권위 아래 섬기는 것을 기쁨으로 여겨 왔다. 아내는 우리 간부들 중 가장 열심히 일하는 사람이다. 내가 부재중일 때 중요한 결정을 내려야 할 상황들이 많이 있었는데 아내는 그때마다 정확한 방향을 잡아 줄 수 있었다.

모세는 당대의 그 누구보다도 하나님의 임재 안에 가장 많은 시간을 보냈다. "모세의 죽을 때 나이 일백 이십 세나 그 눈이 흐리지 아니하였고 기력이 쇠하지 아니하였더라"(신 34:7). 그는 또 하나님을 섬기는 일을 누구보다 기뻐했다. 그래서 하나님은 그를 "내 충성된 종"이라 부르셨다(민 12:7 참조).

반면 이스라엘 백성은 하나님의 임재에 열정이 없었다. 그들은 그분의 복만 탐했고, 이득이 보일 때만 그분을 섬겼다. 그리하여 그들은 매사를 하나님의 눈으로 보지 못했다.

그들은 잘못된 시각을 거듭 지적받았다. 지도자들이 약속의 땅을 정탐하러 갔을 때 문제는 극에 달했다. 지도자 중 열 명은 돌아와 회중에게 "우리는 스스로 보기에도 메뚜기 같으니 그들의 보기에도 그와 같았을 것이니라"(민 13:33)고 말했다.

그러나 갈렙과 여호수아는 상황을 다르게 보았다. 그들은 백성에게 이렇게 보고했다. "오직 여호와를 거역하지 말라 또 그 땅 백성을 두려워하지 말라 그들은 우리 밥이라 그들의 보호자는 그들에게서 떠났고 여호와는 우리와 함께하시느니라 그들을 두려워 말라"(민 14:9). 이 남자들이 상황을 보는 눈은 왜 그렇게 달랐을까?

여호수아는 하나님과 시간을 보낼 열정이 있었다. 여호수아는 허락된 범위 내에서 산으로 최대한 가까이 갔다(출 24:13).

후에 성막이 세워지기 전, 모세는 진에서 먼 곳에 장막을 하나 짓고 회막이라 불렀다. 여호와를 구하려는 자는 진 밖으로 나와 회막으로 가야 했다. 모세와 여호수아를 빼고는 누구도 회막에 갔다는 기록이 없다. 모세가 그 만남의 장소로 갈 때면 온 백성이 자기 장막 문간에 나와 멀리서 경배했다. 그들은 하나님을 구하는 모세를 존중했지만 가까이 가지는 않았다. 자기들 마음이 드러날까 두려웠던 것이다. 그러나 여호수아는 달랐다. 성경은 모세가 진으로 돌아올 때도 "그 수종자 눈의 아들 청년 여호수아는 회막을 떠나지 아니하니라"(출 33:7-11)고 말한다.

여기 두 가지 분명한 사실이 있다. 첫째, 여호수아는 하나님의 임재에 대해 강한 열정이 있었다. 여호수아는 모세가 만남의 장소를 떠난 후에도 거기 남아 있었다. 둘째, 여호수아는 모세의 수종자였다. 그 역시 여호와의 신실한 종이었다. 그는 믿음과 행위가 일치했다. 여호수아의 시각은 분명했다. 하나님과 시간을 보내며 섬김의 옳은 행실을 맺었기 때문이다.

오늘날 '기도 골방'에서는 많은 시간을 보내되 섬기지 않는 이들이 있다. 그들은 언제나 교회에 문제를 일으킨다. 영적으로 눈이 멀었기 때문이다. 그들은 하나님 나라에 참 열매를 맺지 않는 위선자들이다. 그들이 눈먼 것은 섬기지 않기 때문이다. 주님과 시간을 보내는 일도 필요하지만 섬김도 똑같이 필요하다.

모세의 시각이 정확했듯이 여호수아도 그랬다. 둘 다 하나님과 시간을 보냈고, 옳은 행실을 맺는 종이었다. 이스라엘의 다른 리더들은 스스로를 메뚜기로 보았고 적들이 보기에도 그럴 것이라고 말했다. 그러나 여호수아와 갈렙은 적들의 보호자와 힘이 떠났다고 보고했다. 누가 바로 보았을까? 40년 후 여호수아가 같은 땅에 두 정탐꾼을 보냈을 때 그곳 거민 중 하나가 정탐꾼들에게 이렇게 보고했다.

> 이는 너희가 애굽에서 나올 때에 여호와께서 너희 앞에서 홍해 물을 마르게 하신… 일을 우리가 들었음이라. 우리가 듣자 곧 마음이 녹았고 너희의 연고로 사람이 정신을 잃었나니 너희 하나님 여호와는 상천하지에 하나님이시니라(수 2:10-11).

여호수아가 바로 본 것이었다. 다른 지도자들의 시각은 완전히 잘못됐다. 이 상황은 주인의 은혜를 헛되이 받았던 게으른 종의 상황과 상통한다. 그 종은 자기 주인을 '들인 것도 없이 결과만 바라는 굳은 사람'으로 보았다. 그의 시각은 완전히 잘못됐다. 보나마나 주인이 요구한 일을 시행하지 않는 기간이 길어질수록, 그의 잘못된 시각은 더 강해졌을 것이다.

앞에서 말한 것처럼 오늘날 교회에는 시야가 흐린 두 부류의 사람들이 있다. 그들은 예수님이 보는 대로 보지 못한다. 첫 부류는 마땅히 하나님을 구하지 않는 자들이다. 그들은 목사가 하나님을 구하고 천국 메시지를 전하는 것을 존중한다. 그러나 직접 진 밖으로 나가 예수님을 만나지는 않는다. 그들은 "영문 밖으로 그에게 나아가자"(히 13:13)는 권면을 귀담아 듣지 않는다. 그들의 행위는 미지근하다. 둘째 부류는 예수님을 구하되 섬기지 않는 자들이다. 그들은 자기들을 위해 해 주실 일 때문에 그분을 구한다. 딱 잘라 말해, 이들이야말로 경건한 목사들을 누구보다 골치 아프게 하는 자들이다! 그들에게 '종교적' 내지 '영적' 행동은 있으나 그 행위는 미지근하다.

하나님의 사람들이여, 우리 교회에 필요한 것은 갱신이나 부흥이 아니다. 우리는 개혁이 필요하다! 부흥은 우리에게 이미 있는 것을 새로 손질한다. 개혁은 우리의 시각과 생활방식에 철저한 변화를 요구한다.

우리는 교회를 미지근한 상태에 빠뜨린 가짜 은혜를 너무 오래 믿어 왔다. 틀린 내용을 오래오래 가르치다 보면 결국 자신도 그것을 사실로 믿게 된다. 그러다 진리가 선포되면 오히려 그것을 극단 내지 오류라고 하며 거부한다. 갱신이나 부흥은 잘못된 시각을 더 굳혀 줄 뿐이다. 우리 눈을 열어 주님이 보시는 대로 봐야 한다! 시편 기자의 고백이 맞다. "주의 광명 중에 우리가 광명을 보리이다"(시 36:9).

CHAPTER 11

징계를 달게 받으라

예수님의 재림 때 우리가 그분처럼 되려면
그분이나 우리 중 한 쪽이 바뀌어야 한다.

예수님이 라오디게아 교회에게 불로 연단한 금과 흰옷과 안약을 사라고 하신 것을 이제까지 살펴보았다. 이어 그분은 "무릇 내가 사랑하는 자를 책망하여 징계하노니"(계 3:19)라고 말씀하신다. 그분은 우리를 사랑으로 책망하고 징계하신다. 히브리서 기자는 그 점을 자세히 설명한다.

내 아들아, 주의 징계하심을 경히 여기지 말며 그에게 꾸지람을 받을 때에 낙심하지 말라. 주께서 그 사랑하시는 자를 징계하시고 그의 받으시는 아들마다 채찍질하심이니라(히 12:5-6).

징계한다는 것은 '바로잡거나 훈계한다'는 뜻이다. 채찍질한다는 것은 '벌한다'는 뜻이다. 사실 '채찍질하다'는 헬라어로 마스티구(mastigoo)다. 이 단어는 신약에 일곱 번밖에 나오지 않는다. 이 본문을 제외한 다른 모든 경우에는 정말 채찍으로 몸을 때린다는 의미로 쓰였다. 물론 우리 하늘 아버지는 물리적 채찍을 들지 않으시지만 그분의 징계는 엄할 수 있다. 그래서 히브리서 기자는 그것을 경히 여기지 말라고 말한다. 그분이 징계하실 때 나는 이따금씩 내면의 고통으로 죽는 것 같았지만, 그것을 달게 받으면 언제나 선이 이루어졌고 마음속에 다시금 거룩함의 불꽃이 타올랐다.

교회 안의 약한 자들을 일으켜 세우라

하나님께 더 헌신된 자녀들일수록 징계가 필요하다. 하나님은 다른 사람들이라면 과오나 죄를 징계하지 않고 그냥 두실 수 있지만 당신의 아들 딸들에게는 그러실 수 없다. 현명하고 선한 아버지라면 자기 자녀의 잘못을 그냥 두지 않는 것처럼, 주님도 자녀들이 계속 파멸의 길을 가도록 그냥 두시지 않는다.

죄를 지어도 책망이 없다면 하나님과 분리돼 있다는 경고 신호다. 성경은 그분의 징계가 없는 자들은 사생아요 참 자녀가 아니라고 명백히 밝힌다. 그들은 그분을 아버지라 부를지 모르나 그 주장은 가짜 회심에서 비롯된 것이다.

나는 하나님의 심정으로 강력한 메시지를 전하고 나면, 완전 딴판인 두 반응을 보곤 한다. 대부분의 경우, 한 쪽은 아버지의 징계를 달게 받지만 다른 쪽은 사실상 아무 영향도 입지 않는다. 하나님의 참 자녀가 아니기 때문이다. 한 가정 안에서 그런 일이 일어난 적이 있었다. 어느 교회의 아침 예배 때 나는 '거역'에 대해 아주 진지한 메시지를 전했고, 예배가 끝날 즈음 회중의 절반 이상이 회개 초청을 받아들였다. 예배 후 점심시간에는 목사 부부가 나를 한 교인 집으로 데려갔다. 그 집 여자는 하나님이 예배 시간에 말씀을 통해 자기를 징계하셨다는 고백을 그칠 줄 몰랐다. 주님을 만났다는 증거가 그 얼굴에 역력했다. 성령이 그녀를 강하게 다루셨던 것이다. 그러나 대화 중 그녀는 난감한 투로 내게 말했다. "제 딸은 예배 후 제게 '저 사람은 목소리가 너무 크고 메시지도 도무지 말이 안 돼요'라고 말하더군요."

처음 그 집에 들어갈 때부터 나는 딸이 구원받지 않았음을 느꼈다. 어머니의 말로 내 분별이 확인된 셈이었다. 주님을 깊이 사랑한 어머니는 그날 아침 참석했던 대다수 사람들처럼 훈계를 달게 받았다. 그러나 어머니 바로 곁에 앉아 있던 딸은 삶 가운데 반항하는 것이 명백히 보이는데도 전혀 달라지지 않았다. 그날 오후 딸의 언행은 그녀가 하나님의 참 자녀가 아님을 확인해 주는 것이었다. 그러나 내가 그 딸에게 그리스도인이냐고 물었다면 그녀는 분명 그렇다고 답했을 것이다.

하나님은 자기 사람들을 징계하신다. 그분의 처음 의도는 이 어머니의 경우처럼 말씀을 통해 엄히 타이르시는 것이다. 그러나 우리가 듣지 않으면 그분은 고생과 고난을 사용해 징계하신다. 시편 기자는 고백한다.

고난당하기 전에는 내가 그릇 행하였더니 이제는 주의 말씀을 지키나이다… 여호와여, 내가 알거니와 주의 판단은 의로우시고 주께서 나를 괴롭게 하심은 성실하심으로 말미암음이니이다 (시 119:67, 75).

바울은 하나님 아버지의 징계에 대해 이렇게 말한다. "이러므로 너희 중에 약한 자와 병든 자가 많고 잠자는[죽은] 자도 적지 아니하니 우리가 우리를 살폈으면 판단을 받지 아니하려니와 우리가 판단을 받는 것은 주께 징계를 받는 것이니 이는 우리로 세상과 함께 죄 정함을 받지 않게 하려 하심이라"(고전 11:30-32).

하나님이 바라시는 바는 우리가 징계의 말씀을 알아듣는 것이다. 하지만 그분이 어떤 방법으로 징계하시든 받을 당시에 즐거운 징계란 없다. 히브리서 기자도 "무릇 징계가 당시에는 즐거워 보이지 않고 슬퍼 보이나"(12:11)라고 말한다. 하나님은 우리의 편안보다 바른 모습에 훨씬 관심이 많으시다. 히브리서는 하나님이 우리를 징계하심은 "우리의 유익을 위하여 그의 거룩하심에 참예케"(12:10) 하기 위함이라고 말한다. 즉 성화 작업이 징계의 목적이다.

히브리서 기자는 계속해서 "그러므로 피곤한 손과 연약한 무릎을 일으켜 세우고 너희 발을 위하여 곧은 길을 만들어 저는 다리로 하여금 어그러지지 않고 고침을 받게 하라"(히 12:12-13)고 말한다. 손은 섬김 즉 우리가 주님 안에서 맺는 행위를 말한다. 무릎은 우리 행보 즉 우리가 살아가는 방식을 말한다. 일으켜 세운다는 것은 아첨하는 것이 아니라 사랑으로 진실을 말하는 것이다.

예수님은 라오디게아 교회를 약하게 만들려고 엄한 경고와 질책의 말씀을 주신 것이 아니다. 그분은 그들의 불씨를 되살리는 데 필요한 것을 주셨다. 그분의 징계는 그들을 그 거룩하심에 참예케 하기 위함이었다. 물론 그것은 그들이 징계를 달게 받을 때만 가능한 일이다.

우리는 왜 교회 내의 약한 자들을 일으켜 세워 주는 일에서 손 뗐는가? 우리는 왜 예수님과 같은 방식으로 메시지를 말하지 않는가? 절실히 진리에 마주서야 할 우리이건만, 오늘날 교회에서 말하고 책으로 펴내는 메시지는 왜 대부분 평안과 형통과 행복에 관한 것뿐인가? 하나님은 예레미야를 통해 당시 선지자들에 대해 말씀하셨다. 그들은 미지근한 백성에게 미지근한 메시지를 전하고 있었다.

> 그들이 만일 나의 회의에 참예하였더면 내 백성에게 내 말을 들려서 그들로 악한 길과 악한 행위에서 돌이키게 하였으리라(렘 23:22).

우리는 심령들을 의로 돌이키고 이끌어, 거룩한 하나님을 맞이하도록 이 세대를 준비시키고 있는가? 아니면 경건한 변화를 촉구하지 않는 말로 사람들의 귀나 간질이고 있는가?

마음이 하나님을 향해 불타는 사람

히브리서는 계속 말한다. "모든 사람으로 더불어 화평함과 거룩함을 좇으라 이것이 없이는 아무도 주를 보지 못하리라 너희는 돌아보아 하나님의 은혜에 이르지 못하는 자가 있는가 두려워하고"(히 12:14-15). 맨 처음 선포된 말은 모든 사람으로 더불어 화평함을 좇으라는 것이다.

예수님은 "화평을 지키는 자는 복이 있나니"라고 말씀하신 적이 없다. 그분은 "화평케 하는 자는 복이 있나니"(마 5:9)라고 하셨다. 아마도 당신은 "이 둘이 서로 다른가?" 하고 물을 것이다.

물론이다! 화평을 지키는 자는 어떤 방법을 써서라도 화평을 유지한다. 그는 싸움을 피하려고 진리를 타협한다. 그러므로 화평을 지키는 자는 자기에게 꼭 필요한 변화를 촉구하는 하나님의 말씀을 듣지 못한다. 요한계시록의 대다수 교회에 주신 예수님 말씀이 그런 것이었다. 그 결과 사람들은 자신에게 경건한 변화가 필요한데도 현 상태에 편안히 안주한다.

반면 화평케 하는 자는 참된 평화를 구하며, 진정한 평화를 얻기 위해 필요하다면 진리나 의에 집요하게 대면한다. 화평케 하는 자는 의를 사랑하고 죄를 미워한다. 그는 물러서지 않는다. 그는 죄를 실수나 연약함이라 부르지 않고 실체 그대로 죄라 부른다. 죄를 미워하는 그의 마음은 하나님과 영혼들을 사랑하는 마음에서 나온다. 그의 참 욕심은 반드시 사람들이 행복해지는 것이 아니라 그들이 가장 잘되는 모습을 보는 것이다. 그의 관심은 사람들의 호감이나 인기를 얻기보다는 그들에게 도움을 주는 데 있다. 그는 자신의 사리사욕에 관심이 없다.

그는 참된 자비와 공의를 기뻐한다. 그는 거룩함을 사랑한다. 그의 마음은 그것을 향해 불탄다. 그의 마음이 하나님을 향해 불타기 때문이다!

떨리는 무릎을 굳게 하여 주신다

히브리서 기자는 "이것이 없이는 아무도 주를 보지 못하리라"고 하며 거룩함을 좇으라고 말한다. 앞에서 본 것처럼 이스라엘 자손들은 하나님께 가까이 가고 싶다는, 있지도 않은 욕심을 고백했다. 그것은 그들의 의도였지 참 욕심이 아니었다. 그들은 애굽이 준 욕심을 버리지 않았기에 모세처럼 하나님께 가까이 갈 수 없었다. 하나님께 가까이 가면 그들의 불순함이 드러날 터인데 그들은 거기에 부딪칠 마음이 없었다.

히브리서 기자는 하나님이 예로부터 그 백성에게 주신 말씀을 밝혀 주고 있다. 이사야도 비슷하게 말했다. "너희는 약한 손을 강하게 하여 주며 떨리는 무릎을 굳게 하여 주며"(사 35:3). 구약의 선지자는 손과 무릎이 강하게 된 후 소경의 눈이 밝아지고 귀머거리의 귀가 열린다고 선포한다. 광야가 변하여 결실의 땅이 될 것이다. 이 일들이 일어난 것은 그분의 백성이 강건해져 거룩함 중에 행했기 때문이다! 이사야는 말한다.

거기 대로가 있어 그 길을 거룩한 길이라 일컫는 바 되리니 깨끗지 못한 자는 지나지 못하겠고 오직 구속함을 입은 자들을 위하여 있게 된 것이라. 우매한 행인은 그 길을 범치 못할 것이며(사 35:8).

하나님의 길은 인간의 길보다 높다. 이 거룩한 길은 예수님이 좁다고 설명해 주신 생명의 길을 말한다(마 7:13-14). 그것은 거룩함의 높은 길을 말한다. 마음을 열어 그분의 징계를 받아들일 때만 우리는 그 거룩함의 높은 길에 이를 수 있다.

선지자에 따르면 우매한 자들은 그 길을 범치 못한다. 우매한 자는 자기 생각과 삶을 지혜의 기준으로 보는 자다. 잠언 12장 15절은 "미련한 자는 자기 행위를 바른 줄로 여기나"라고 지적한다. 또 어리석은 자는 '스스로 믿느니라'(잠 14:16)고도 말씀한다. 잠언 18장 2절에는 "미련한 자는 명철을 기뻐하지 아니하고 자기의 의사를 드러내기만 기뻐하느니라"고 돼 있다. 또 우매한 자는 속고 있다고도 했다. "미련한 자의 어리석음은 속이는 것이니라"(잠 14:8).

라오디게아 교인들도 속고 있다. 그들은 자기들이 축복받고 형통한 줄 알았다. 그러나 그들에게는 거룩한 성품, 경건한 행위, 예수님처럼 보는 능력 등 삶의 참된 부가 없었다. 예수님이 엄하게 책망과 경고와 징계의 말씀을 하신 것은, 그들을 우매한 길에서 건져 거룩한 길로 인도하기 위해서였다. 그분은 그들의 피곤한 손을 강하게 해 주고 연약한 무릎을 일으켜 세워 주고 계셨다.

그분의 형상으로 변화시키는 징계

오늘 징계를 거부하는 자들은 그분의 영광에 이르는 유일한 길을 놓치는 것이다. 거룩함은 쉽게 오지 않는다. 찌꺼기를 깨끗이 제하는 연단과 징계가 수반된다. 이 모두 회개 없이는 소용없는 일이다. 그래서 예수님은 라오디게아 교회에 "그러므로 네가 열심을 내라 회개하라"(계 3:19)고 말씀하신다.

참된 회개는 죄의 결과에 대해서 뿐만 아니라 죄와 죄의 원인에 대해서도 생각과 태도를 바꾸는 것이다. 우리는 죄의 본성은 버리지 않고 죄의 결과만 슬퍼하도록 배웠다. 예수님이 이 교회에 명하신 바 열심을 낸다는 것은, 현재의 모습에서 그분의 영광스런 성품으로 변화되려는 간절한 열망을 말한다. 직시하자. 예수님의 재림 때 우리가 그분처럼 되려면(요일 3:2) 그분이나 우리 중 한 쪽이 바뀌어야 한다. 물론 그분 쪽은 아니다! 그분의 훈련과 징계만이 우리를 그분의 형상으로 변화시킬 것이다.

이사야는 하나님의 징계를 받아들여 우매함을 벗는 자들은 여호와의 속량함을 얻은 자라 칭함을 얻고 "돌아오되 노래하며 시온에 이르러 그 머리 위에 영영한 희락을 띠리라"(사 35:10)고 말한다. 여기 시온이라는 말이 중요하다.

히브리서 기자는 생생한 그림을 그린다. "너희의 이른 곳은 만질 만한 불 붙는 산과 흑운과 흑암과 폭풍과 나팔 소리와 말하는 소리가 아니라 그 소리를 듣는 자들은 더 말씀하지 아니하시기를 구하였으니"(히 12:18-19). 여기 산이란 우리가 이 책 앞부분에서 얘기했던 바로 그 산이다. 백성이 하나님께 "더 이상 말씀하시지 말아 달라"고 했다는 서글픈 증언을 우리는 또다시 듣는다. 그들은 자기 마음이 들통나는 것이 싫어 그분의 징계를 거부했다. 그들은 우매한 자였!

스바냐는 이스라엘에 대해 이렇게 선포한다.

그가 명령을 듣지 아니하며 교훈을 받지 아니하며 여호와를 의뢰하지 아니하며 자기 하나님에게 가까이 나아가지 아니하였도다 (습 3:2).

하나님은 이렇게 탄식하신다. "내가 너희 자녀를 때림도 무익함은 그들도 징책을 받지 아니함이라"(렘 2:30). 거룩함을 좇아 징계를 달게 받고 자기 길을 회개했다면 그들은 산에서 하나님께 가까이 갈 수 있었을 것이다.

지금 우리가 이른 산은 보이거나 만질 만한 산은 아니지만, 그럼에도 우리는 비슷한 기회에 직면해 있다. 우리는 다른 산 곧 이사야가 말했던 산 앞에 와 있다.

그러나 너희가 이른 곳은 시온 산과 살아 계신 하나님의 도성인… (히 12:22).

그분은 지금도 산에 계시다. 단 그것은 시내 산이라는 물리적인 곳이 아니다. 본체이자 영원한 산인 시온 산이다. 이 산에 이르는 유일한 길은 거룩함이다!

모세는 그 길을 걸었다. 그는 마음속의 애굽을 버리고 징계가 포함된 하나님의 말씀을 달게 받았다. 이스라엘 자손들은 하나님께 말씀하시지 말기를 구했다. 그분의 징계의 말씀에 자기들 마음이 노출되는 것을 원치 않았기 때문이다. 그들의 행동에 비추어 성경은 우리에게 이렇게 권고한다.

너희는 삼가 말하신 자를[하나님을] 거역하지 말라. 땅에서 경고하신 자를[하나님을] 거역한 저희가 피하지 못하였거든 하물며 하늘로 좇아 경고하신 자를[하나님을] 배반하는 우리일까 보냐(히 12:25).

하나님은 시내 산 즉 땅에서 말씀하셨다. 오늘 그분은 하늘의 산 시온에서 말씀하신다. 이 구절은 얼마나 두려운 경고의 말씀인가! 하나님이 시내 산에서 훈련과 징계의 말씀을 주실 때 이스라엘 자손들이 피하지 못하였거든, 하물며 시온 산에서 들려주시는 그분의 훈련과 징계의 말씀을 우리가 귀담아듣지 않고 피하는 것이 가능한 일이겠는가.

이스라엘 자손들은 자기들의 더러운 마음이 드러날까 두려워, 하나님이 영광 가운데 말씀하시는 것을 들으려 하지 않았다. 그래서 그들은 뒤로 물러날 수밖에 없었다. 그러나 후에 그들은, 자기네 선지자들을 통해 자기들이 듣고 싶은 말 즉 세상적 욕심을 채워 줄 겉치레 말만 해 줄 여호와 우상을 만들어 냈다. 그 사이 모세는 산꼭대기에서 자신을 변화시키는 여호와의 참된 말씀을 듣고 있었다. 산에서 내려올 때 그의 얼굴은 하나님의 광채로 빛났다.

모세에게 하나님 말씀은 변화였다. 이스라엘 자손에게 그분 말씀은 산과 그들이 서 있는 땅을 진동시키는 두려움이었다. 그들은 그 말씀에 떨며 뒤로 물러났다. 히브리서는 계속해서 이렇게 말한다.

그때에는 그 소리가 땅을 진동하였거니와 이제는 약속하여 가라사대 "내가 또 한 번 땅만 아니라 하늘도 진동하리라" 하셨느니라. 이 또 한 번이라 하심은 진동치 아니하는 것을 영존케 하기 위하여 진동할 것들 곧 만든 것들의 변동될 것을 나타내심이니라(히 12:26-27).

예수님의 징계의 말씀은 라오디게아 교회를 진동시켰다. 그들은 자기네 기독교가 편했고 모든 것이 좋아 보였다. 그러나 주님의 참된 말씀에 그들의 터가 진동했다. 하나님은 그분의 교회들 그리고 나라들을 또 한 번 진동시키실 것이다. 바른 터에 세워지지 않은 것들은 진동을 통해 제거된다. 진동은 죽은 것이나 선하지 못한 것을 없앤다. 그렇게 하는 까닭은, 살아 있는 것 또는 순결한 것을 영존케 하기 위함이다. 하나님의 진동케 하심을 두려워해야 할 자들은 지금 그분을 경외하지 않는 자들뿐이다.

이사야는 여기에 대해 이렇게 말한다.

시온의 죄인들이 두려워하며 경건치 아니한 자들이 떨며 이르기를 "우리 중에 누가 삼키는 불과 함께 거하겠으며 우리 중에 누가 영영히 타는 것과 함께 거하리요?" 하도다. 오직 의롭게 행하는 자, 정직히 말하는 자, 토색한 재물을 가증히 여기는 자, 손을 흔들어 뇌물을 받지 아니하는 자, 귀를 막아 피 흘리려는 꾀를 듣지 아니하는 자, 눈을 감아 악을 보지 아니하는 자, 그는 높은 곳에 거하리니 견고한 바위가 그 보장이 되며 그 양식은 공급되고 그 물은 끊치지 아니하리라 하셨느니라(사 33:14-16).

그는 '애굽의 죄인들'이라 하지 않고 '시온의 죄인들'이라 말한다. 교회 안에 있되 여호와를 경외하지 않으며 거룩함을 좇지 않는 자들을 이르는 말이다. 그들은 안전하지 않다. 그들은 진동할 것이다. 하나님이 그 영광을 나타내시면 그제야 그들은 두려워 떨 것이다! 삼키는 불이나 영영히 타는 것은 하나님을 가리킨다.

히브리서 기자는 그 장을 이렇게 끝낸다. "그러므로 우리가 진동치 못할 나라를 받았은즉 은혜를 받자 이로 말미암아 경건함과 두려움으로 하나님을 기쁘시게 섬길지니 우리 하나님은 소멸하는 불이심이니라"(히 12:28-29). 우리 하나님은 소멸시키는 불이시다! 이 책에 구약의 본문이 많이 인용되기는 했지만, 나는 하나님의 은혜로 그것을 신약의 본문에 비추어 봄으로 말씀을 바로 분별하려 애썼다. 우리 하나님은 사랑이시자 곧 소멸시키는 불이시다.

그분의 영광스런 임재에 대한 이 묘사는, 우리 중 수많은 이들이 그래 왔던 것처럼 결코 가볍게 취급해서는 안 된다. 그분의 엄위하신 영광을 확증하고자 히브리서 기자는 "그 보이는 바가 이렇듯이 무섭기로 모세도 이르되 내가 심히 두렵고 떨린다 하였으나"(히 12:21)라고 적었다. 이 반응은 예수님을 본 사도 요한의 간증과 통한다. "내가 볼 때에 그 발 앞에 엎드러져 죽은 자같이 되매"(계 1:17).

영광을 갈망하면 열정으로 불탈 것이다

그렇다. 그분은 인간으로서는 상상도 할 수 없고 엄두조차 낼 수 없는 큰 사랑으로 우리를 사랑하신다. 그러나 그 사랑은 그분의 거룩함을 조금도 떨어뜨리지 않는다. 그래서 히브리서 기자는 우리에게 "은혜를 받자 이로 말미암아 경건함과 두려움으로 하나님을 기쁘시게 섬길지니"라고 말한다. 오, 그분이 거룩하신 것처럼 우리도 거룩하게 되어(레 19:2, 마 5:48, 벧전 1:16) 하나님을 경외하면서 살아가려면 얼마나 절실히 은혜가 필요한가!

앞에서 본 것처럼 하나님을 경외하고 거룩함을 좇는 자들만이 그분의 영광스런 임재 안에 거할 수 있다. 이 책 2장에 인용했던 성경 말씀으로 다시 돌아간다.

우리는 살아 계신 하나님의 성전이라. 이와 같이 하나님께서 가라사대 "내가 저희 가운데 거하며 두루 행하여 나는 저희 하나님이 되고 저희는 나의 백성이 되리라" 하셨느니라. 그러므로 주께서 말씀하시기를 "너희는 저희 중에서 나와서 따로 있고 부정한 것을 만지지 말라. 내가 너희를 영접하여 너희에게 아버지가 되고 너희는 내게 자녀가 되리라. 전능하신 주의 말씀이니라" 하셨느니라. 그런즉 사랑하는 자들아, 이 약속을 가진 우리가 하나님을 두려워하는 가운데서 거룩함을 온전히 이루어 육과 영의 온갖 더러운 것에서 자신을 깨끗게 하자(고후 6:16-7:1).

이제 당신은 전체 배경을 들었다. 앞 뒤 문맥 없이 한 구절만 듣고는 진짜 드라마 속으로 들어갈 수 없었다. 당신이 이 배경을 명확하게 이해했기를 바란다. 당신이 그 무엇보다 하나님의 영광을 갈망한다면 당신 마음은 열정으로 불타오를 것이다.

CHAPTER 12

거룩한 불을 구하라

우리도 모세와 이사야와 예레미야와 요한과 바울과 다른 이들이 그랬듯
그분의 영광의 불로 활활 타오르도록 부름받았다.

거룩한 옛 선지자들로부터 신약의 사도들에 이르기까지 하나님의 사람들이라면 누구나 다 이런 저런 모양으로 그분의 징계가 필요했다. 그것은 지금도 전혀 다를 바 없다. 단, 열쇠는 우리가 거기에 어떻게 반응하느냐이다. 교만은 우리로 하나님의 징계를 받아들이지 못하게 한다. 그렇게 되면 우리는 하나님이 하시는 성화 작업의 유익을 잃고 만다. 그러나 자신을 낮추고 하나님의 징계를 달게 받는다면, 그분의 음성을 더 정확히 듣고 그분을 더 또렷이 볼 수 있다. 그리하여 그분과의 관계가 자라갈 수 있다. 하박국은 말했다.

내가 내 파수하는 곳에 서며 성루에 서리라. 그가 내게 무엇이라 말씀하실는지 기다리고 바라보며 나의 질문에 대하여 어떻게 대답하실는지[혹, 징계 받을 때 나로 어떻게 대답하게 하실는지] 보리라(합 2:1).

하박국은 징계를 통해 하나님의 마음과 길을 더 선명히 깨달을 수 있음을 알았기에, 그분의 징계를 달게 받아들였다. 그럼으로써 그는 더 충실한 종이 되었다.

교만은 눈을 멀게 한다

이사야도 늘 하나님의 말씀을 받아들일 준비가 돼 있었다. 그는 이렇게 썼다. "웃시야 왕의 죽던 해에 내가 본즉 주께서 높이 들린 보좌에 앉으셨는데 그 옷자락은 성전에 가득하였고"(사 6:1).

몇 해 전 나는 이사야가 영광 중의 주님을 뵈었다는 이 말씀을 묵상하고 있었다. '교회도 영광 중에 계신 예수님을 새롭게 볼 필요가 있다'는 생각이 들었다. 그때 주님의 말씀이 들려왔다. "나는 그 구절을 그렇게 시작하지 않았다." 궁금하여 다시 성경을 보니 "웃시야 왕의 죽던 해에"라고 돼 있었다. 주님은 나를 제지하시며 말씀하셨다. "이사야가 나를 새롭게 보기 전에 웃시야 왕이 죽어야만 했다!" 그분은 또 "교회가 나를 새롭게 볼 수 있으려면 먼저 웃시야가 죽어야 한다!"고 덧붙이셨다.

나는 생각했다. '이 웃시야라는 자가 누구며, 예수님을 보는 것과 그 사람이 무슨 상관이 있단 말인가?' 나는 성구사전에서 그에 대한 관주 구절을 모두 찾았고 그의 인생 기사를 읽으면서 중요한 계시를 발견했다.

웃시야는 다윗 왕의 후손이었다. 그는 나이 열여섯에 왕이 됐다. 처음에 그는 부지런히 하나님을 구했다. 열여섯에 한 나라의 통치자가 됐다면 누구라도 의당 그럴 것이다. 필시 그는 엄청난 소임 앞에서 두렵고 겸허해졌을 것이다. 성경은 "저가 여호와를 구할 동안에는 하나님이 형통케 하셨더라"(대하 26:5)고 말한다.

하나님을 간절히 의지했기에 웃시야는 큰 복을 받았다. 그는 블레셋과 전쟁을 벌여 많은 성을 함락시켰고 아라비아, 마온, 암몬도 쳐서 이겼다. 경제적, 군사적으로 나라가 부강해졌다. 백성은 그의 통치 아래 형통했다. 그의 성공은 하나님이 그의 삶에 베푸신 은혜의 결과였다. 그러나 변화가 생겼다. 그의 자신감이 점점 커져 겸손을 잃은 것이다. "저가 강성하여지매 그 마음이 교만하여 악을 행하여 그 하나님 여호와께 범죄하되 곧 여호와의 전에 들어가서 향단에 분향하려 한지라"(대하 26:16).

웃시야의 마음이 교만해진 것은 약할 때가 아니라 강할 때였다. 온 나라에 가득한 형통과 성공을 둘러보며 그의 마음은 하나님 찾기를 그쳤다. 그의 업적은 쌓여 갔다. 무슨 일이든 자기 힘으로 되는 것 같았다. 그러자 그는 자기가 하는 일이면 무조건 하나님이 복 주실 줄로 착각했다. 그러나 그 복은 전에 그가 겸손히 하나님을 구했기 때문에 주신 것이었다.

이런 변화는 하룻밤 새에 생기는 것이 아니다. 그리고 누구에게

나 쉽게 일어날 수 있는 일이다. 하나님은 내게 경고하셨다. "존, 내 나라의 실족한 자들은 대부분 곤고할 때가 아니라 풍족할 때 그렇게 됐다." 왜일까? 대단한 업적을 이룰 때 우리는 모든 것을 그분이 주셨다는 사실을 더 쉽게 망각하기 때문이다.

똑같은 방식으로 실족하는 자들이 많다. 처음 구원받을 때는 대부분 주님과 그분의 길을 알고자 갈급해 한다. 매사에 겸손한 자세로 그분을 구하고 의지하는 모습을 보인다. 그들은 굶주린 심령으로 교회에 온다. "주님, 주님을 알고 싶습니다!" 그들은 하나님의 직접적 권위와 위임된 권위에 복종한다. 징계가 어떻게 누구를 통해서 오든, 그들은 참된 겸손으로 그분의 징계를 달게 받는다.

그러나 경험과 성취를 통해 지식과 힘을 쌓기 시작하면 태도가 달라진다. 이제 그들은 성경을 "주님과 주님의 길을 제게 보여 주소서" 간구하는 마음으로 읽지 않는다. 자기가 믿는 내용만 취해 읽으며, 자신이 정한 교리를 뒷받침하는 데 사용한다. 그들은 더 이상 목사의 음성 속에서 하늘 하나님의 음성을 듣지 않는다. 등을 기댄 채 팔짱끼고 앉아 "뭐라고 하나 보자"는 태도로 듣는다. 그들은 성경에 대해 전문가가 되지만 유순하고 겸손한 심령은 잃어버렸다. 하나님을 섬기려는 은혜는 사라지고 그 자리에 교만이 찾아든다(약 4:6 참조).

이 문제는 현대 교회에 다반사로 일어나고 있는 것 같다. 그만큼 교육과 훈련의 기회가 많기 때문이다. 성경은 고린도전서 8장 1절에서 "우리가 다 지식이 있는 줄을 아나 지식은 교만하게 하며 사랑은 덕을 세우나니"라고 말한다. 사랑은 자기 유익을 구하지 않고 주님을 위해 그리고 자신이 섬기도록 부름받은 자들을 위해 자기 목숨을 버린다. 그러나 교만은 종교의 탈을 쓰고 자기 유익을 구한다. 하나님은 사랑 없이 얻어진 지식은 교만을 부른다고 설명하신다.

웃시야 왕에 대해 중요한 질문을 던져 보자. 마음에 교만이 들어왔을 때 그의 종교적 열심은 커졌는가 줄었는가? 놀랍게도 답은, 그가 더 종교적이 됐다는 것이다! 마음이 교만해지자 그는 성전에 들어가 직접 예배하려 했다. 교만과 종교심은 단짝과 같다. 종교심은 인간으로 하여금 '거짓 신앙'의 모양만 보고 스스로 겸손한 줄 착각하게 만든다. 그러나 사실은 교만하다. 반면 교만은 인간을 종교심의 굴레에 묶어 둔다. 자신의 교만을 인정하기에는 그야말로 너무 교만한 까닭이다! 교만은 교회에서 감쪽같이 위장한다. 종교니 카리스마니 복음주의니 오순절이니 하는 탈 뒤에 숨기 때문이다.

그때 웃시야는 진리에 맞닥뜨린다.

제사장 아사랴가 여호와의 제사장 용맹한 자 팔십 인을 데리고 그 뒤를 따라 들어가서 웃시야 왕을 막아 가로되 "웃시야여, 여호와께 분향하는 일이 왕의 할 바가 아니요 오직 분향하기 위하여 구별함을 받은 아론의 자손 제사장의 할 바니 성소에서 나가소서. 왕이 범죄하였으니 하나님 여호와께 영광을 얻지 못하리이다"(대하 26:17-18).

하나님은 이 용맹한 자들을 통해 징계를 보내셨지만 웃시야의 반응은 경건과는 거리가 멀었다. "웃시야가 손으로 향로를 잡고 분향하려 하다가 노를 발하니 저가 제사장에게 노할 때에 여호와의 전 안 향단 곁 제사장 앞에서 그 이마에 문둥병이 발한지라"(대하 26:19).

웃시야는 노했다. 교만은 언제나 스스로 정당화한다. 이 자기방어에는 분노가 수반된다. 교만한 자는 자기만 빼고 모든 사람을 비난한다. 웃시야는 제사장들에게 노를 발했지만 문제는 그 자신의 내면 깊은 곳에 있었다. 교만이 그를 눈멀게 했다! 사람들을 통한 하나님의 징계를 겸손히 받아들이기는커녕 그는 분노로 교만에 불을 지폈다. 그러자 만인이 보는 앞에서 그의 이마에 문둥병이 생겼다. 이 경우 문둥병은 내적 상태의 외적 표현이다. 그리고 그 근원은 교만이다.

오늘날도 똑같다. 구약의 문둥병은 신약의 죄의 모형이다. 외적 죄는 내적 교만의 표출일 때가 비일비재하다. 그 교만이 사람을 눈멀게 만들어 하나님의 징계를 거부하게 한다.

내 마음에 들려주시는 하나님의 말씀을 듣고 웃시야의 삶을 돌아본 후, 나는 교만이 우리를 눈멀게 해 예수님을 보지 못하게 한다는 사실을 깨달았다. 우리는 그분을 보아야 한다. 성경은 우리가 그분을 볼 때 그분의 형상으로 변화된다고 선포한다. "우리가 다 수건을 벗은 얼굴로 거울을 보는 것같이 주의 영광을 보매 저와 같은 형상으로 화하여 영광으로 영광에 이르니 곧 주의 영으로 말미암음이니라"(고후 3:18).

우리는 그분을 보아야 한다. 그래야 그분의 형상으로 변화되어 매사를 그분이 보시는 대로 볼 수 있다. 교만은 우리로 그분을 새롭게 보지 못하게 하며, 우리를 눈멀게 해 위험한 미혹의 자리로 몰아

간다. 라오디게아 교인들은 교만 때문에 예수님을 보지 못했다. 그들은 스스로 영적인 줄 알았지만 그분의 책망을 통해 그렇지 않음이 드러났다. 그들은 그분의 변화의 능력을 잃고 침체돼 있었다. 그들에게 기독교의 모양은 있었으나 그에 상응하는 예수님의 역사는 없었다.

거룩함 속에 하나님의 불이 있다

이사야는 영광의 주님을 뵈었다. 우리는 이것이 영적 환상이었음을 안다. 육신을 가진 인간치고 하나님의 얼굴을 보고도 살 수 있는 자는 없기 때문이다. 이사야는 그분의 보좌 옆에 있는 장엄한 천사들, 스랍들에게 눈길이 갔다. 그는 스랍마다 각기 여섯 날개가 있어 그 둘로 얼굴을 가렸다고 기록했다. 스랍들은 서로 이렇게 외쳤다.

"거룩하다, 거룩하다, 거룩하다, 만군의 여호와여. 그 영광이 온 땅에 충만하도다!" 이같이 창화하는 자의 소리로 인하여 문지방의 터가 요동하며 집에 연기가 충만한지라(사 6:3-4).

천사들이 찬송가를 부른 것은 아니다. 이 구절로 만든 찬송이 있지만 사람들은 단조로운 음성으로 부를 때가 많다. 이것은 절대 찬송가가 아니다. 천사들은 얼굴마저 가린 채 자기들이 본 것에 반응하고 있었다. 시시각각 그분 영광의 또다른 측면이 드러나고 있었고, 그들은 "거룩하다!"고 외쳤다. 그 외침이 어찌나 컸던지 하늘 건물이 요동했다! 소리로 땅의 건물을 요동시키는 것도 어려운데 하늘의 건물은 말해 무엇하랴.

천사들은 '나는 영겁의 시간을 그분 보좌 곁에만 있었다. 이제 잠시 쉬며 천국의 다른 부분들을 돌아보고 싶다' 는 생각으로 노래를 부른 것이 아니다. 결코 그렇지 않다. 그들은 그 외에 다른 곳에는 있을 마음이 없었다. 창조주가 피조 세계보다 훨씬 더 아름답고 놀랍기 때문이다. 시편 기자는 하나님의 임재가 거하지 않는 화려한 궁에 머물기보다는 차라리 하나님의 궁정에서 문지기가 되겠다고 고백했다(시 84편).

천사들은 왜 "거룩하다, 거룩하다, 거룩하다"고 외쳤을까? 왜 세 번이나 말했을까? 이 구절은 히브리 문학의 한 문법 양식을 보여 준다. 반복은 강조의 한 방법이다. 영어에서는 한 단어나 문구의 중요성을 강조하고 싶을 경우, 고딕체를 사용하거나 이탤릭체로 바꾸거나 밑줄을 긋거나 전부 대문자로 쓰거나 한다. 유대 작가는 단어를 반복함으로써 강조했다.

대개 단어는 두 번 반복된다. 예컨대 예수님은 "나더러 주여 주여 하는 자마다 천국에 다 들어갈 것이 아니요"(마 7:21)라고 말씀하신다. 예수님이 실제로 '주여'를 두 번 말씀하신 것이 아니라 '주여'라는 단어를 강조하셨기에 성경 기자가 그것을 이렇게 표현한 것이다.

성경에 한 단어가 세 번 반복된 경우는 별로 없다. 요한계시록에서 천사가 이 땅 거민들에게 심판을 선고할 때가 그중 하나다. 천사는 "화, 화, 화가 있으리로다"(계 8:13)라고 큰소리로 말했다. 반복을 통해 전해진 메시지는, 이미 임한 심판도 혹독했지만 곧 임할 심판은 상상을 초월한다는 의미다.

그러나 성경에 하나님의 성품이 3회 연속 언급된 곳은 여기뿐이다. 천사들은 "능하시다, 능하시다, 능하시다!"라고 외치지 않았다. "사랑이시다, 사랑이시다, 사랑이시다!"나 "신실하시다, 신실하시다, 신실하시다!"라고 외친 것도 아니다. 물론 하나님은 능하시고 하나님은 사랑이시며 하나님은 신실하시다. 그러나 다른 모든 속성보다 뛰어난 속성은 그분의 거룩함이다. 그 거룩함 속에 그분 존재의 광채 즉 하나님의 불이 있다!

화로다 나여, 망하게 되었도다

하나님을 뵌 이사야는 "와! 하나님이다!"고 외치지 않았다. 그는 이렇게 부르짖었다.

> 화로다 나여, 망하게 되었도다! 나는 입술이 부정한 사람이요 입술이 부정한 백성 중에 거하면서 만군의 여호와이신 왕을 뵈었음이로다(사 6:5).

'화'라는 말은 현대 언어에서 그 힘을 잃어버렸다. 이것은 가장 무서운 하나님의 심판을 선고할 때 사용된 단어다. 이미 말한 것처럼, 이 땅 거민들에게 화를 선고한 천사들의 말은 사실상 이런 뜻이었다. "가장 혹독한 심판이 곧 너희에게 임할 것이다!" 예수님은 유다에게 이 단어를 사용하셨다. 그것은 예수님이 "그 사람은 차라리 나지 아니하였더면 제게 좋을 뻔하였느니라"(막 14:21)고 하실 정도로 무서운 말이다. 선지자가 한 개인의 삶을 두고 '화'라는 단어를 발한 일은 극히 드물다. 그런데 놀랍게도 지금 경건한 사람 이사야가 자신에게 그 말을 사용한 것이다!

자신에 대한 심판 선고에 뒤이어 이사야는 이렇게 절규했다. "망하게 되었도다!" 망하게 됐다는 것은, 산산조각이 났다는 뜻이다. 이사야는 거룩한 하나님 앞에 서 있었다. 난생처음 그는 하나님이 어떤 분인지 정말로 깨달았다. 난생처음 그는 그분이 누구인지 정말로 알게 됐다.

그 한순간 모든 자존감이 사라졌다. 자아와 인간에 대한 모든 자신감이 무너졌다. 인생에 대한 정신 의학적인 이슈들은 모두 무용지물이 되었다. 더 이상 교만은 있을 수 없었다. 이사야는 얼굴을 땅에 대고 엎드려 바닥을 기었다. 그의 온 심신이 떨리며 실체가 드러났다. 숨을 곳을 찾았으나 찾을 수 없었다. 만유의 주이신 거룩한 하나님 앞에 서는 것은 고사하고, 목숨을 부지하기 위해서라도 자비와 은혜가 절대적으로 필요했다. 그 사실을 그는 이전 어느 때보다 절감하고 있다.

하나님이 말할 대상을 찾고 계신다

한시도 더 견딜 수 없다고 느껴진 순간 벌어진 일을 그는 이렇게 묘사했다.

> 때에 그 스랍의 하나가 화저로 단에서 취한 바 핀 숯을 손에 가지고 내게로 날아와서 그것을 내 입에 대며 가로되 "보라, 이것이 네 입에 닿았으니 네 악이 제하여졌고 네 죄가 사하여졌느니라" 하더라(사 6:6-7).

하나님은 겸손한 자에게 자비와 은혜를 베푸신다. 뜨거운 숯은 이사야를 사하고 정결케 했다. 깨끗게 된 후 그는 하나님의 음성을 들었다. "내가 누구를 보내며 누가 우리를 위하여 갈꼬"(사 6:8).

죄가 사해졌기에 그는 하나님의 음성을 더 분명히 들을 수 있었다. "누가 우리를 위하여 갈꼬?"는 다시 말해 "누가 순전한 의의 행위를 맺을까?"였다. 이사야는 즉각 대답했다. "내가 여기 있나이다 나를 보내소서"(사 6:8). 이사야는 하나님 심중의 말씀을 들었다.

> 가서 이 백성[그분의 백성]에게 이르기를 "너희가 듣기는 들어도 깨닫지 못할 것이요 보기는 보아도 알지 못하리라" 하여(사 6:9).

하나님이 눈멀고 귀먹었다고 말씀하신 '너희'에는 유명한 선지자들과 성경 교사들도 포함돼 있었다. 그들은 하나님 음성을 똑똑히 듣지 못했기에 그들이 말하는 내용은 하나님이 말씀하시는 것이 아니었다.

하나님은 지금도 말씀하고 계신다. 하지만 사람들은 정말 듣고 있는 것일까? 이 구절을 읽으며 나는 아주 경건한 내 친구 하나와 나눴던 대화가 생각났다. 내가 방문했을 때 그는 공항으로 나를 마중 나왔다. 그런데 내가 도착하기 전 몇 시간 동안 그는 묵상하며 기도했다고 했다. 그는 눈물 흘리며 내게 말했다. "존, 하나님은 이 나라에 하실 말씀이 아주 많은데 말할 대상을 찾지 못하고 계시네." 그의 말에 내 마음이 뜨겁게 달아올랐다.

나는 내가 주님의 대사 중 하나로서 마땅히 있어야 할 자리에서 멀리 벗어나 있다는 것을 깨달았다. 즉시 이사야가 생각났다. 그가 일단 정화되고 나자 하나님의 음성이 분명해졌고, 그는 단순한 원리가 아닌 하나님의 마음을 전할 수 있었다. 나는 생각했다. '이 나라에 성경의 진리를 말할 수 있는 사람들이 없는 것은 아니다. 진짜 문제는 이것이다. 자신을 구별하고 낮추어 하나님의 성화 작업이 이루어지게 하고, 그리하여 하나님의 마음을 정확히 듣고 그대로 선포할 사람들이 있는가?'

갈망하는 내 영혼의 만족, 예수님

예언적으로 우리를 대변하는 라오디게아 교회로 다시 돌아가자. 예수님은 교회를 엄하게 꾸짖으신 뒤 이렇게 명하신다. "그러므로 네가 열심을 내라. 회개하라." 이제 문제는 그 사람들에게 달렸다. 아니, 우리라고 말해야 하리라. 우리는 그분의 책망을 들을 것인가? 아니면 이스라엘 자손들처럼 우매한 자가 될 것인가?

예수님은 계속해서 "볼지어다 내가 문 밖에 서서 두드리노니 누구든지 내 음성을 듣고 문을 열면 내가 그에게로 들어가 그로 더불어 먹고 그는 나로 더불어 먹으리라"(계 3:20)고 말씀하신다. 오, 말세의 교회에게 주시는 그분의 말씀을 들으라!

그분은 설교하고 가르치는 자기 사람들에게 "누구든지 내 음성을 들으면"이라고 말씀하신다. 얼마나 가슴 아픈 말인가. 우리는 지금 쾌락과 사욕에 빠져, 그분 마음을 듣지 못할 정도로 그분과 멀어지지 않았는가? 말로는 그분의 음성을 듣는다 하지만 실제로는 세상 방식과 욕심에 젖어 그분 마음의 소원을 전혀 알아채지 못하고 있지 않은가?

앞서 언급했지만, 예수님은 우리에게 '연단된 금'과 '옳은 행실을 나타내는 흰옷'과 '그분의 눈으로 보게 하는 안약'을 사라고 하셨다. 이 세 가지는 이사야의 간증에도 나타난다. 자신을 낮추어 하나님의 징계를 받아들였을 때 그는 깨끗하게 됐다. 그 후 그는 옳은 행실, 거룩한 행위에 대한 열정이 생겼다. 다음, 그는 백성이 눈멀어 바로 보지 못하고 있다고 외쳤다! 그들은 안약이 필요했다. 하나님은 이사야의 겸손, 그분의 징계와 깨끗게 하심, 옳은 행실을 맺으려는 이사야의 의지, 이 세 단계를 통해 그의 눈의 비늘을 벗겨 주셨다.

예수님 말씀을 다시 들어 보라. "누구든지 내 음성을 듣고 문을 열면 내가 그에게로 들어가 그로 더불어 먹고 그는 나로 더불어 먹으리라." 이 말씀은 이중적으로 적용된다. 우선, 이 교회는 재림 직전의 교회이기에 이 말씀은 재림을 가리킨다. 누가복음에 예수님의 비슷한 말씀이 나온다.

허리에 띠를 띠고 등불을 켜고 서 있으라. 너희는 마치 그 주인이 혼인 집에서 돌아와 문을 두드리면 곧 열어 주려고 기다리는 사람과 같이 되라. 주인이 와서 깨어 있는 것을 보면 그 종들은 복이 있으리로다. 내가 진실로 너희에게 이르노니 주인이 띠를 띠고 그 종들을 자리에 앉히고 나아와 수종하리라(눅 12:35-37).

우리가 영원히 그분을 수종해야 하건만 우리 주님이 우리를 수종한다 하신다. 그분은 가장 진정한 의미의 종이시다. 우리는 그분께 모든 것을 빚졌으나 그분은 우리에게 아무 빚도 없으시다. 그럼에도 그분은 자신의 충실한 자들을 섬기려 하신다. 그분은 어린 양의 혼인 잔치에서 우리를 섬기실 것이다.

두 번째, "내가 그에게로 들어가 그로 더불어 먹고 그는 나로 더불어 먹으리라"는 예수님 말씀은 혼인 잔치에 대한 얘기일 뿐 아니라 우리에게 참 만나 즉 그분 자신에 대한 계시를 주시겠다는 말씀이다. 그분은 "나는 하늘로서 내려온 산 떡이니"(요 6:51)라고 선포하신다. 그분은 하나님의 살아 계신 말씀이며 우리는 그 말씀으로 살아간다(신 8:2-3).

예레미야는 그것을 이렇게 표현했다.

내가 주의 말씀을 얻어 먹었사오니 주의 말씀은 내게 기쁨과 내 마음의 즐거움이오나(렘 15:16).

예레미야도 이사야처럼 하나님의 깨끗게 하심을 겪은 자였다.

모세처럼 그도 세상 것들에 전혀 욕심이 없었다. 그는 하나님을 알기 위해 자신을 구별했다. 그의 기쁨은 하나님의 말씀이었고, 말씀이 그의 양식이었다. 그는 신앙을 저버린 백성에게 하나님의 마음을 전하다 핍박받았다.

> 여호와의 말씀으로 하여 내가 종일토록 치욕과 모욕거리가 됨이니이다. 내가 다시는 여호와를 선포하지 아니하며 그 이름으로 말하지 아니하리라 하면 나의 중심이 불붙는 것 같아서 골수에 사무치니 답답하여 견딜 수 없나이다(렘 20:8-9).

세례 요한도 하나님의 말씀에 갈급했던 사람이다. 그는 세상과 종교적 위선에서 자신을 구별했다. 태생대로라면 그는 예루살렘에서 다른 제사장들의 아들들과 함께 훈련받아 지도자가 될 사람이었다. 그는 자기의 인간적인 계획을 버리고 하나님께 순종했다. 그가 광야로 나가자 주님의 말씀이 그에게 임했다. 그도 하나님의 마음을 전했다. 예수님은 그에 대해 "요한은 켜서 비취는 등불이라 너희가 일시 그 빛에 즐거이 있기를 원하였거니와"(요 5:35)라고 말씀하셨다.

우리도 모세와 이사야와 예레미야, 요한과 바울 같은 이들이 그랬듯 그분의 영광의 불로 활활 타오르도록 부름받았다. 그러나 우리가 이 세상 욕심에서 자신을 구별하지 않는다면 그 일은 절대 불가능하다. 우리는 세상에서 순례자와 나그네로 살도록 부름받았다. 우리가 그분 말씀에 온전히 사로잡혀 종일 그 말씀을 묵상할 때만 우리 마음에 참 만족이 올 것이다. 그럴 때 우리 안에 그리고 우리 위에 하나님의 불이 활활 타오를 것이다. 사랑에 빠진 젊은 남녀에게는 "하루 종일 애인을 생각하라"고 말해 줄 필요가 전혀 없다. 그러잖아도 그들은 매순간 사랑하는 자를 생각하게 돼 있다.

말라기는 말세 교회의 두 부류 사람들을 내다보았다. 양쪽 다 우리가 앞에서 살펴본 정화 과정을 거칠 것이다. 첫 부류는 "악인들이 우리보다 더 잘되는데 하나님을 섬기는 것이 무슨 소용인가? 우리는 하나님을 섬기면서도 계속 시련과 환난을 당하고 있다"(말 3:14-15 참조)며 불평할 것이다.

둘째 부류 사람들에 관한 보고는 다르다.

> 그때에 여호와를 경외하는 자들이 피차에 말하매 여호와께서 그것을 분명히 들으시고 여호와를 경외하는 자와 그 이름을 존중히 생각하는 자를 위하여 여호와 앞에 있는 기념책에 기록하셨느니라(말 3:16).

그분의 말씀과 길에 대한 그들의 사랑은 어떤 고난에도 사그라들지 않는다. 그러나 선지자는 장차 될 일을 이렇게 말한다.

> 만군의 여호와가 이르노라. 보라, 극렬한 풀무 불 같은 날이 이르리니 교만한 자와 악을 행하는 자는 다 초개 같을 것이라. 그 이르는 날이 그들을 살라 그 뿌리와 가지를 남기지 아니할 것이로되 내 이름을 경외하는 너희에게는 의로운 해가 떠올라서 치

료하는 광선을 발하리니 너희가 나가서 외양간에서 나온 송아
지같이 뛰리라. 또 너희가 악인을 밟을 것이니 그들이 나의 정한
날에 너희 발바닥 밑에 재와 같으리라. 만군의 여호와의 말이니
라(말 4:1-3).

그는 '의로운 아들'이 아닌 '의로운 해'를 말한다. 태양은 거대
한 불덩어리다. 예수님이 말세에 자신을 경외하는 자들에게 바로
그렇게 자신을 나타내실 것이다. 그들은 그분에 대한 순전한 사랑
으로 그 말씀을 묵상해 왔다. 그분의 영광의 불이 그들 위에 떠올라
짙은 암흑 중에 처한 자들에게 보일 것이다. 이 환히 빛나는 불로
인해 전례 없이 수많은 영혼들이 돌아올 것이다. 그들의 심령은 그
분 말씀으로 불탈 것이며, 어떤 어둠도 그들을 이기지 못할 것이
다. 우리는 예수님 부활 후 등장한 두 제자에게서 그 모습을 어렴풋
이 볼 수 있다.

그날에 저희 중 둘이 예루살렘에서 이십오 리 되는 엠마오라 하
는 촌으로 가면서 이 모든 된 일을 서로 이야기하더라. 저희가
서로 이야기하며 문의할 때에 예수께서 가까이 이르러 저희와
동행하시나(눅 24:13-15).

그들은 힘겨운 시기에 있었으나 하나님 일을 얘기했다. 그들이
대화할 때 예수님이 가까이 오셨다. 우리가 주님을 경외하고 사랑
하는 마음으로 대화할 때 그분은 가까이 오신다. 그분은 가까이 오

신 후 "이에 모세와 및 모든 선지자의 글로 시작하여 모든 성경에 쓴 바 자기에 관한 것을 자세히 설명"(눅 24:27)하셨다.

얼마나 풍성한 잔치인가! 이렇게 풍성히 그분이 계시되기를 나는 간절히 바란다. 그분은 내 갈망하는 영혼의 만족이다. 그들이 묵상 내용을 따라 대화할 때 그분은 가까이 오셔서 그들의 눈을 열어 성경 속의 당신을 보게 하셨다. "저희 눈이 밝아져 그인 줄 알아보더니"(눅 24:31). 오 아버지, 우리 눈을 열어 예수님을 보게 하소서!

그들은 서로 이렇게 말했다. "길에서 우리에게 말씀하시고 우리에게 성경을 풀어 주실 때에 우리 속에서 마음이 뜨겁지 아니하더냐"(눅 24:32).

모세는 언제 마음이 뜨거워지고 얼굴이 달라졌던가? 하나님의 임재 안에 그분 말씀을 들었을 때였다. 무엇이 그로 하여금 그분의 영광스런 임재 가운데 말씀을 들을 수 있게 했던가? 모세의 결단이었다. 애굽에서 철저히 벗어나 자기가 그토록 알고 싶어한 그분께 순종하겠다는 결단. 그는 그리스도를 위하여 받는 능욕을 애굽의 모든 보화보다 더 큰 재물로 여겼다. 상 주심을 바라보았기 때문이다. 오, 당신의 영혼 안에 그분을 향한 갈망이 깊이 일어났기를 바란다.

Epilogue

불타는 심령으로 행할 때

그들은 거룩한 열정에 불타는 심령으로
세상의 때를 벗고 그분 앞에 설 것이다.

우리의 가장 위대한 날은 바로 코앞에 와 있다. 하나님은 당신을 위해 한 백성을 예비하셨다. 그들은 그분 마음의 호소를 듣고 그분 앞에 거룩하게 행할 것이다. 그들은 진심으로 하나님의 음성을 듣고 순종하는 자들이 될 것이다. 그들은 세상의 때를 벗고 거룩한 열정에 불타는 심령으로 그분 앞에 설 것이다. 그분이 그들을 위해 질투하시듯 그들도 그분을 위해 질투할 것이다. 이 백성을 통해 그분은, 죽어 가는 세상에 당신의 영광을 드러내실 것이다.

우리는 하나님을 존중히 여기는 자들에게 그분이 어떻게 해 주실지 아브라함의 손자 야곱의 삶에서 미리 엿볼 수 있다. 하나님은 야곱에게 "일어나 벧엘로 올라가서 거기 거하며… 하나님께 거기서 단을 쌓으라"(창 35:1)고 하셨다. '벧엘'이란 '하나님의 집'이라는 뜻이다. 전에 야곱은 거기서 하나님을 만났었다. 하나님은 그를 부르셨다. "야곱아, 내게 가까이 오라. 나도 네게 가까이 가리라." 야곱은 그에 응해 가족들에게 이렇게 지시했다.

너희 중의 이방 신상을 버리고 자신을 정결케 하고 의복을 바꾸라. 우리가 일어나 벧엘로 올라가자. 나의 환난 날에 내게 응답하시며 나의 가는 길에서 나와 함께 하신 하나님께 내가 거기서 단을 쌓으려 하노라(창 35:2-3).

그들은 "이방 신을 버려야" 했다. 잊지 말라. 우상이란 우리가 예수님 이상으로 힘이나 애정을 쏟는 대상이다. 라오디게아 교회의 우상 숭배는 탐심이었다(골 3:5). 그것이 그들에게서 영원한 열매를 맺는 데 필요한 열정을 앗아갔다. "자신을 정결케 하고 의복을 바꾸라"는 야곱의 지시는 순결과 바른 옷의 중요성을 재확인해 준다. 예수님도 라오디게아 교회에 비슷하게 말씀하셨다.

야곱과 그 일가는 하나님께 가까이 갔다. "그들이 발행하였으나 하나님이 그 사면 고을들로 크게 두려워하게 하신 고로 야곱의 아들들을 추격하는 자가 없었더라"(창 35:5). 하나님을 경외하는 마음이 그들에게 충만하여, 그들이 지나치는 인근 고을들이 두려움을 느낄 정도였다. 우리가 하나님 앞에서 자신을 성결케 할 때 그분 임재의 권위가 우리를 둘러싸며, 주변 사람들에게도 분명히 보인다.

기름 부으실 만큼 순결하게 행하는가

찰스 피니는 하나님께 완전히 바쳐진 자였다. 그의 삶에서 무엇보다 두드러진 것은 바로 헌신이었다. 그가 전한 순결의 메시지에 그 헌신이 그대로 배어 있었다.

그가 직원이 3천 명쯤 되는 한 공장을 방문했을 때 일이다. 공장주와 대다수 공장 직원들은 구원받지 않은 자들이었다. 피니는 그 지방에서 전도 집회를 열었던 터라 한 여자가 그를 알아보고 욕을 했다. 그런데 그 즉시 하나님께로부터 온 양심의 가책이 그녀를 휩쌌고, 그녀를 위로하러 다가간 사람들에게까지 퍼졌다. 몇 분도 안 되어 공장의 모든 생산이 중단됐고 직원들과 공장주는 피니가 전하는 하나님 말씀에 빨려들었다. 그리고 몇 시간 만에 그들 대부분이 구원받았다. 그는 하나님의 임재로 옷 입은 자였고, 그것이 주변 모든 사람에게 분명히 보였다.

지난 수십 년간 교회에 이런 임재의 권위가 사라진 이유는 무엇인가? 오래 전부터 세상은 교회를 욕하며 "너희 하나님이 어디 있느냐?"고 조롱해 왔다. 설사 우리가 핍박을 당했다 해도 의를 위한 핍박은 거의 없다. 우리 잘못과 세속성 때문에 핍박받을 때가 대부분이다.

그러나 나는 하나님이 그분께 완전히 성별된 백성을 예비하실 것을 믿는다. 내 마음은 그 생각으로 뜨겁다. 당신도 그런가? 주님은 그들과 함께 거하실 것이며, 강력하고 분명한 방식으로 그들을 감싸실 것이다. 옛날처럼 하나님을 경외하는 마음이 다시 한번 하나님의 자녀들을 에워쌀 것이다.

이 책 전반에 걸쳐 나는 모세와 이스라엘 자손에 대해 얘기했다. 첫 세대는 애굽 욕심을 버리지 못했다. 그러나 차세대는 황량한 광야를 유리하며 주님께 자신을 바쳤다. 바로 여호수아를 따른 세대다. 여호수아서에는 불순종이나 우상 숭배 사건이 딱 한 번밖에 없다. 한 집안이 연루된 그 사건에 온 나라가 하나로 일어나 대항했다(수 7장). 적과 맞서기 위해 요단 강 건널 채비를 하는 그들에게 모세는 이렇게 말했다.

> 이스라엘아, 들으라. 네가 오늘 요단을 건너 너보다 강대한 나라들로 들어가서 그것을 얻으리니 그 성읍들은 크고 성벽은 하늘에 닿았으며 그 백성은 네가 아는 바 장대한 아낙 자손이라. 그에게 대한 말을 네가 들었나니 이르기를 누가 아낙 자손을 능히 당하리요 하거니와 오늘날 너는 알라. 네 하나님 여호와께서 맹렬한 불과 같이 네 앞에 나아가신즉 여호와께서 그들을 파하사 네 앞에 엎드러지게 하시리니 여호와께서 네게 말씀하신 것같이 너는 그들을 쫓아내며 속히 멸할 것이라(신 9:1-3).

우리는 여호수아 세대 같은 세대인가? 하나님이 우리를 세상이 당해 낼 수 없는 자들로 기름 부으실 만큼 그렇게 우리는 순결히 행할 각오가 돼 있는가? 이것이 당신의 기도가 되기 바란다!

그분의 얼굴 보기를 갈망하라

초대교회는 하나님의 영광스런 임재 안에서 행했다. 교회가 기도하자 건물이 요동했다. 아나니아와 삽비라는 베드로 앞에 거짓된 헌물을 가져왔다가 즉사했다. 하나님의 임재가 어찌나 확연하고 강했던지 성경은 이렇게 말한다.

그 나머지는 감히 그들과 상종하는 사람이 없으나 백성이 칭송하더라. 믿고 주께로 나오는 자가 더 많으니 남녀의 큰 무리더라. 심지어 병든 사람을 메고 거리에 나가 침대와 요 위에 뉘이고 베드로가 지날 때에 혹 그 그림자라도 뉘게 덮일까 바라고(행 5:13-15).

지금은 그렇지 않다. 사기꾼들이 참 신자들 속에 쉽게 섞여 든다. 하나님의 불 또는 그분을 두려워하는 마음이 없기 때문이다. 아나니아 부부의 죽음은 하나님이나 그분의 사람들을 상대로 장난쳐서는 안 된다는 경각심을 심어 주었고, 허다한 무리를 하나님 나라로 인도했다(행 5:16). 하나님께 굶주린 자들은 그분을 알아보았으나 위선자들은 두려워 물러갔다.

초대교회는 이기는 교회였다. 예수님은 오늘의 우리와 매우 흡사한 라오디게아 교회에게 이렇게 약속하셨다. "이기는 그에게는 내가 내 보좌에 함께 앉게 하여 주기를 내가 이기고 아버지 보좌에 함께 앉은 것과 같이 하리라"(계 3:21).

요한계시록에서 가장 엄하게 책망받은 교회가 가장 큰 약속도 받았다. 시편 기자는 하나님 궁정의 문지기가 되고 싶다고 부르짖었다. 그러나 예수님은 궁정 초청장만 보내신 것이 아니라 함께 보좌에 앉도록 해 주겠다고 하셨다! 이제 바울의 말이 더 잘 이해될 것이다.

참으면 또한 함께 왕 노릇 할 것이요 우리가 주를 부인하면 주도 우리를 부인하실 것이라(딤후 2:12).

예수를 '주'라 고백하는 자가 어떻게 그분을 부인할 수 있을까? 다음 구절에 답이 있다. "저희가 하나님을 시인하나 행위로는 부인하니"(딛 1:16). 고백보다 행위가 중요함을 우리는 다시 한번 깨닫는다. 바울은 또 우리가 "참으면 또한 [예수님과] 함께 왕 노릇 할 것"이라고 격려한다.

거룩함에는 끝까지 경주하는 헌신이 요구된다. 하나님이 은혜를 주신다는 복된 약속이 있기에 우리는 인내로 승리를 얻을 수 있다! 우리는 승자다. 하나님은 우리에게 "그의 얼굴을 볼 터이요 그의 이름도 저희 이마에 있으리라 다시 밤이 없겠고 등불과 햇빛이 쓸데없으니 이는 주 하나님이 저희에게 비취심이라 저희가 세세토록 왕 노릇 하리로다"(계 22:4-5)라고 약속하신다.

모세는 무엇보다 그분의 얼굴 보기를 원했다. 이기는 자들은 그분과 함께 세세토록 다스리며 그분의 얼굴을 볼 것이다. 당신이 지금 이 책을 들고 있는 것은, 그것이 당신의 가장 깊은 갈망이자 그분의 가장 귀한 초청이기 때문이다. 받아들이라. 불붙게 하라. 그분을 보라. 우리 주 예수 그리스도의 은혜가 당신에게 넘치기를 기도한다.